Antonio Ruccia

Maria e la Chiesa

Antonio Ruccia

Maria e la Chiesa

Un binomio di evangelicità e laicità Prefazione di Bruno Seveso

Edizioni Sant'Antonio

Impressum / Stampa
Bibliografische Information der Deutschen Nationalbibliothek: Die Deutsche Nationalbibliothek verzeichnet diese Publikation in der Deutschen Nationalbibliografie; detaillierte bibliografische Daten sind im Internet über http://dnb.d-nb.de abrufbar.

Informazione bibliografica pubblicata da Deutsche Nationalbibliothek (Biblioteca Nazionale Tedesca): la Deutsche Nationalbibliothek novera questa pubblicazione su Deutsche Nationalbibliografie. Dati bibliografici più dettagliati sono disponibili in internet al sito web http://dnb.d-nb.de.

Coverbild / Immagine di copertina: www.ingimage.com

Verlag / Editore:
Edizioni Accademiche Italiane
ist ein Imprint der / è un marchio di
OmniScriptum GmbH & Co. KG
Heinrich-Böcking-Str. 6-8, 66121 Saarbrücken, Deutschland / Germania
Email / Posta Elettronica: info@edizioni-ai.com

Herstellung: siehe letzte Seite /
Pubblicato: vedi ultima pagina
ISBN: 978-3-639-60602-7

PREFAZIONE

Sono ormai trascorsi decenni dalla evocazione balthasariana del laico come di un gigante che si scuote dal sonno. Sull'onda lunga dei fermenti che hanno vivacizzato il cattolicesimo dalla seconda metà dell'Ottocento, negli anni Cinquanta del Novecento l'associazionismo cattolico raggiunge un ragguardevole livello di partecipazione e di iniziativa. La punta di diamante è costituita dall'Azione Cattolica, che vede laici impegnati in un particolare legame con la Gerarchia nella costruzione di una incisiva presenza cristiana nel mondo. Il laicato matura la consapevolezza delle proprie potenzialità e responsabilità, nella Chiesa e nella società. Sotto l'ala del mandato da parte della Gerarchia e a supporto delle iniziative di questa, prende forma un protagonismo laicale che, sulla base di una sincera accettazione del mondo moderno, si propone di attivare una presenza cristiana nelle istituzioni sociali, ma non una loro occupazione. La visione balthasariana non manca, dunque, di riscontri obiettivi, anche se per qualche aspetto controversi.

In questo fiorente panorama laicale gli anni Sessanta introducono una duplice cesura, marcata, rispettivamente, dalle passioni suscitate nella Chiesa dal Vaticano II e dalle turbolenze innescate dai mutamenti socioculturali del tempo. Il concilio pone in atto un superamento, almeno in linea di principio, di una concezione ecclesiologica verticistica, che prevedeva una posizione gregaria del laicato rispetto alla gerarchia, in nome del riconoscimento della comune appartenenza di laici e Gerarchia all'unico popolo di Dio. Della figura del laico è rimarcato il carattere precisamente cristiano, in forza della partecipazione al triplice ufficio di Cristo. Contestualmente, la specificità della condizione laicale è individuata nell'indole secolare e nella destinazione all'apostolato. Permane, peraltro, una prospettiva duale, se non dicotomica: l'unica missione del popolo di Dio, la cristianizzazione del mondo, è declinata su un duplice registro, religioso e secolare, per cui sono competenti, rispettivamente, i preti e i religiosi, da un lato, e i laici, dall'altro.

Sul versante socioculturale irrompono tensioni ed istanze che sovvertono gli equilibri presuntivamente stabiliti e impongono la ricerca di nuovi e diversi assetti di vita. Prendono abbrivo processi che si dispiegheranno in tutta la loro incidenza negli anni a venire. Viene meno la capacità delle istituzioni di plasmare la convivenza comune e di fornire supporto alla biografia personale. La socializzazione degli individui può contare sempre di meno su istituzioni in grado di veicolare un universo condiviso di principi e di valori. Viene allo scoperto la contraddittorietà reciproca dei valori. La sovrapposizione di richieste collettive e rivendicazioni individualiste sbriciola la socialità in una dispersione di veti incrociati e di pretese fra loro incompatibili da parte degli attori sociali. È la "secolarizzazione della secolarizzazione" di cui parlano i sociologi e che non risparmia i più rilevanti luoghi istituzionali di socializzazione. In simile contesto, l'acquisizione di identità da parte del soggetto è posta sempre più di fronte alla sfida dell'autoidentificazione. La responsabilità della scelta è nelle mani dell'individuo stesso. È in opera lo smantellamento degli indicatori di direzione ed è messa in atto una rimozione delle pietre miliari: i segnavia sono tolti. L'identità non è assegnata ma scelta. Il criterio è, in ogni caso, la realizzazione di sé. Il fenomeno della individualizzazione è processo che si impone all'individuo come risultato ultimo del lungo percorso del Moderno, nel modo, dicono sempre i sociologi, della "individualizzazione istituzionalizzata".

La stagione postconciliare del laicato si apre su questi scenari: tematiche cristiane di partecipazione consapevole alla vita di Chiesa ed istanze culturali di soggettivizzazione dell'esperienza entrano in confluenza, non senza ambiguità e convulsioni sul terreno della vita cristiana. La recezione del dettato conciliare in tema di laici segna, nel medesimo tempo, il suo superamento. Vi è impegnata la teologia. Già negli anni fra il Quaranta e il Cinquanta, in concomitanza con l'imporsi nella Chiesa della figura laicale, essa aveva aperto un fascicolo intitolato alla "teologia del laicato", volto a determinare la natura della condizione laicale alla luce della fede, e non senza riferimento alla contingenza storica del momento. La ripresa di quel fascicolo alla luce delle posizioni rinvenibili nelle acquisizioni conciliari insiste sulla figura di "laicità", assunta quale figura di valore per individuare lo specifico del laico nella Chiesa. Nell'immediato post-concilio un diverso percorso è aperto dalla "teologia dei ministeri", anche sotto l'impulso di istanze, sempre di matrice conciliare, per un ampliamento della piattaforma di partecipazione nella Chiesa. Lo sganciamento della figura del laico dall'appiattimento su un ruolo soltanto passivo rispetto al clero e l'attribuzione al laico di corresponsabilità nella missione della Chiesa indirizzano sulla valorizzazione dei ministeri della Chiesa posti nella titolarità del laico. La promozione della ministerialità nella Chiesa anche con la moltiplicazione di ministeri e servizi è vista in funzione della partecipazione di tutti alla missione della Chiesa. Si fa avanti la figura di una "Chiesa tutta ministeriale" e si perseguono progetti di rifigurazione della ministerialità nella Chiesa, nella direzione di una "pluriministerialità", di cui sono beneficiari privilegiati i laici. Le "nuove ministerialità" hanno i laici per destinatari e protagonisti.

L'una e l'altra pista aprono squarci sulla figura del laico ma sollevano anche perplessità. La "laicità" è figura bisognosa di chiarimenti e, in ogni caso, non si dà quale figura di valore. Nel caso lo fosse, il valore di cui è portatrice appare intrinseco alla fede e non aggiunge nulla alla figura del credente. D'altro lato, i ministeri interessano la Chiesa nella sua totalità di popolo di Dio e non possono essere resi funzionali alla figura del laico. Il laico è, semplicemente, il cristiano che vive la propria esistenza alla luce della fede e sa di poter cercare e trovare nel Vangelo di Gesù luce e conforto per la propria esperienza di vita quotidiana. È colui che si prende cura del Vangelo nelle contingenze molteplici della propria vita quotidiana, per sé e a favore di tutti gli altri. Il credente edifica la Chiesa già con la propria vita cristianamente vissuta. La vita cristiana del singolo ha per se stessa portata ecclesiale e concorre a formare la figura di Chiesa. La Chiesa si dà là dove un credente vive in verità e giustizia la propria fede nel Vangelo che salva. L'eventuale assunzione di un ministero ecclesiale non sopraggiunge a determinare una esistenza cristiana ancora indeterminata, ma precisa ulteriormente il senso cristiano di una esistenza già cristianamente configurata ed ecclesialmente feconda.

Peraltro, la Chiesa di cui il cristiano laico è partecipe ed entro cui è chiamato ad iscrivere la propria esistenza credente appare realtà complessa. Vive dello Spirito del suo Signore, che è il Signore della storia, e, nel medesimo tempo, conosce le opacità della storia. In molti luoghi il vivere quotidiano della gente, la ricerca, l'economia, la politica, i rapporti interpersonali si realizzano a prescindere da Dio. La fede del credente è esposta all'indifferenza del mondo. In simile frangente la capacità di reazione dell'esperienza credente è sottoposta a forti condizionamenti. L'imporsi di una cultura che rimette in questione le radici della fede e tende ad estenuare la valenza di senso della fede per il vivere umano genera disagio spirituale nel credente. L'indifferenza dell'altro nei confronti di una fede in precedenza sentita almeno a grandi linee come condivisa intercetta obiettivamente lo spazio interiore del credente. L'esperienza del credente ne è ferita. Si produce un trauma, cui obiettivamente far fronte. La percezione di estraneità pubblica della fede impone una rielaborazione della situazione stessa del credere.

Nel medesimo tempo ci si chiede anche in che misura il membro odierno della Chiesa storica di Cristo è testimone trasparente, vero ed autentico, del Padre di Gesù, e non di un Dio appesantito da troppe sedimentazioni storiche. La fiducia nella Chiesa storica di Cristo e la credibilità della Chiesa sono oggi sul banco di prova. Alla dispersione di credibilità della Chiesa concorrono fattori interni ed esterni. Sul fronte esterno la Chiesa cattolica è vissuta e rappresentata come istituzione che rifiuta il progresso scientifico ed oppositrice strenua delle tendenze in atto nella Modernità. Al suo interno, comportamenti difformi dal Vangelo ne minano l'affidabilità. L'estenuazione della fiducia nella Chiesa come istituzione ha ricadute pesanti sulla credibilità dell'identità cristiana. Identità cristiana e testimonianza stanno in stretta corrispondenza. C'è difficoltà a trovare cristiani che nelle diverse posizioni e funzioni nella Chiesa e nella società testimoniano con chiarezza la propria identità cristiana con testimonianza convincente, di là dalle ideologie e dalla contrapposizioni di maggioranza e minoranza. La denuncia accorata che la Chiesa è stanca è percezione che dà voce ad un sentire che serpeggia nel mondo cristiano.

Si affaccia l'istanza di una rifusione delle forme della presenza di Chiesa alla vicenda umana. Affiora con sufficiente rilievo la percezione del congedo da una modalità di essere Chiesa ed acquista vigore la consapevolezza della ricerca di nuovi percorsi di vita nella fede. Il congedo dichiarato è quello dal cristianesimo "di cristianità", variamente inteso. La strada da aprire appare ancora in prospettiva. Sintomaticamente, ad una figura di Chiesa compresa a monte rispetto alla vicenda storica succede una immagine di Chiesa che si modella nel contatto con le situazioni umane specifiche. La vita della Chiesa non si sviluppa semplicemente secondo moduli ripetitivi ma reca con sé l'esigenza di verifica puntuale della pertinenza delle iniziative assunte. Comporta, allora, un'istanza d'innovazione, sia nel senso di un cambiamento di strada rispetto a quelle in antecedenza praticate, sia nella direzione di itinerari inediti per la vita cristiana.

La Chiesa del dopo Vaticano II non si è sottratta a questo impegno. L'hanno sostenuta immagini-guida che si sono succedute fra loro nel tempo e hanno favorito il sedimentarsi di mentalità e indotto nel corpo ecclesiale movimenti inerziali, promuovendo una cultura di Chiesa. Sono bacino di raccolta di intenzioni e di risorse, moventi d'azione e apertura d'orizzonti. In positivo e in negativo, rappresentano luoghi comuni di Chiesa e nella Chiesa. Il cristiano laico vi può trovare conforto e orientamento per la propria esperienza di credente. Emerge, in particolare, la parola della "evangelizzazione", capace di suscitare energie e coagulare consenso. E su queste basi l'iniziativa ecclesiale si produce in progetti e piani e programmazioni: prefigurazioni e organizzazioni d'agire che disegnano un futuro praticabile e predispongono l'azione nel presente, contribuendo a plasmare i comportamenti del cristiano e a suscitare sintonie nel gruppo dei credenti.

Poiché la Chiesa si dà effettivamente nel vissuto concreto del credente cristiano e la forma di Chiesa si mostra nella sua bellezza tanto più quanto maggiormente il cristiano vive dello Spirito del suo Signore, per l'iniziativa ecclesiale e l'esperienza quotidiana del credente diventa rilevante rinvenire riferimento certo e affidabile là dove la vita nella fede appare realizzata nella sua forma umanamente più alta e più cristallina. Il sentire ecclesiale raggiunge la sua giusta intonazione quando si accorda con le voci in cui lo stesso sentire si esprime nella sua genuinità. E questo accade in Maria, Madre di Cristo secondo la carne e sposa secondo lo Spirito. Soccorre, a questo punto, ancora una volta la suggestione balthasariana. Su questa medesima lunghezza d'onda si pone pure la decisione del Vaticano II di leggere in senso ecclesiale la figura di Maria, la Madre di Gesù: riconoscimento dello stretto legame che intercorre fra Maria e la Chiesa. Maria è immagine / tipo della Chiesa e la Chiesa, come Maria, è "madre" feconda di vita nello Spirito. In Maria è presente la forma intima e più vera della Chiesa come realtà vissuta. Il sentire ecclesiale vibra in pienezza quando sa lasciarsi entrare in risonanza con i sentimenti che sono in Maria. Contestualmente con le iniziative e perché le iniziative stesse si dispongano nella giusta direzione, una buona coscienza ecclesiale non può che istituirsi sulla gamma d'onda mariana. Lo stesso sentire credente del cristiano laico vi attinge risorse per una sua ricomposizione armonica.

Ci si muove a livello di orizzonti d'agire, proprio mentre ci si cimenta con l'esperienza sul campo. Ritorna l'indicazione balthasariana del duplice principio su cui si articola la Chiesa: il "principio petrino", imperniato sul ministero nella Chiesa nella sua espressione gerarchica e sulla obbedienza ad esso dovuta, si integra con il "principio mariano", alla cui luce l'obbedienza nella Chiesa si mostra come amore e si esprime quale forma e fecondità di amore di sposa. La contrapposizione di gerarchia e laicato è superata in Maria nella unità profonda della Chiesa-Sposa, di cui entrambi i momenti partecipano. L'obbedienza di Maria si dà quale modello e forma del sentire cristiano. Maria, l'umile ancella del Signore, con il suo "Sì" mai smentito si lascia guidare dallo Sposo stesso nel cammino discreto e franco dietro al suo Figlio. La Chiesa, nelle sue molteplici espressioni, sa di poter far propria, per quanto le è dato, la forma d'obbedienza di Maria, per stare nella sequela del suo Signore.

Con tutto quello che è accaduto nella Chiesa e nel mondo dagli anni della grandiosa visione balthasariana del laico ci si può chiedere se questa "ora dei laici" è mai scoccata e se questo attuale è ancora il momento opportuno in cui questa "ora" può scoccare. Anni per i quali si è parlato di "sfinimento clericale" del laicato organizzato a motivo dell'imperversare proteiforme ed imperterrito del "paradigma clericale" e la conseguente posizione gregaria del laicato stesso, nonostante tutte le dichiarazioni e le buone intenzioni in contrario. Ci si può interrogare sulla permanente pertinenza o meno della tesi, a suo tempo balthasariana, secondo cui il futuro della Chiesa è legato alla disponibilità di laici mossi dalla volontà di vivere della forza intatta del Vangelo e di plasmare il mondo secondo la forma cristiana.

Antonio Ruccia ne è convinto, al punto da discorrere di "nuovo laicato" e da rilanciare in questa pubblicazione un motivo, quello, precisamente, del laicato nella Chiesa, che da tempo polarizza il suo interesse. Il tema del laico è articolato nel suo rapporto dinamico con gli altri due poli, rappresentati dal volume di iniziative di cui la Chiesa si dota e dal riferimento mariologico. Sulla scorta del discorso ecclesiale attuale, l'iniziativa di Chiesa è ricapitolata nella figura della "evangelizzazione" e, rispettivamente, "nuova evangelizzazione". A sua volta, il richiamo mariologico è teso a mettere a fuoco nelle sue diverse sfaccettature la figura mariana sotto il profilo della sua valenza di "tipo" del laico nella Chiesa. La triplice polarità è continuamente in opera nel discorso e dà luogo a scambi ravvicinati fra le tematiche. Quanto all'iniziativa ecclesiale e alle figure concrete in cui si esprime, ampio spazio è riservato alla parrocchia e alle trasformazioni cui sono soggette in questi ultimi tempi le modalità dello stare insieme dei cristiani. In tema di agire ecclesiale, rilevanza significativa è pure attribuita al momento della progettazione, di cui sono anche predisposte declinazioni specifiche. Dal canto suo, la tematica mariana è richiamata da un capo all'altro del discorso ed è spunto per riattivare prospettive non solo sullo statuto del laico nella Chiesa ma anche sulla struttura delle aggregazioni di Chiesa. In questo contesto appare sintomatico il rilievo assegnato alle apparizioni mariane, proposte quali momenti per loro parte significativi di Chiesa. Ne risulta un tratteggio ad ampie linee della presenza laicale nella Chiesa e, più in profondità, prende corpo una perorazione per un'assunzione convinta della dimensione laicale della Chiesa stessa. Motivi che meritano considerazione nell'attuale temperie di società e Chiesa.

Prof. Bruno Seveso
Docente di Teologia Pastorale
c/o la Facoltà Teologica
dell'Italia Settentrionale

INTRODUZIONE

Questo testo intende essere un contributo di sintesi tra la mariologia e la teologia pastorale o pratica che dir si voglia. Si tratta di un'ulteriore ricerca che invita la comunità ecclesiale a rapportarsi ad un'evangelizzazione urgente e nello stesso tempo realizzabile.

Si tratta di esplorare una nuova immagine di Chiesa con relativi itinerari di fede, coniugando i modelli ecclesiologici fondati teologicamente sui passi di Maria, modello e stella dell'evangelizzazione, per liberare la stessa figura mariana da incrostazioni e deformazioni che la limitano solo ad alcuni settori della vita ecclesiale.

I ragazzi, i giovani e parte del mondo adulto vivono la propria fede senza puntualizzare il senso del loro battesimo. Riconoscere Maria come laica induce a rivalutare il senso battesimale dell'intera comunità ecclesiale.

Maria c'insegna a metterci in cammino come comunità di battezzati nell'ascolto degli altri e nell'attenzione alla pluralità della vita su cui è improntata la nostra società. La formazione religiosa va proposta con una grande apertura che renda concreto il legame fede/vita. È importante educare alla verità, alla libertà; curare la formazione delle coscienze e non dimenticare che ognuno è un chiamato per mezzo dello Spirito a permeare il mondo.

Maria è l'immagine mirabile di tutto ciò: una comunità ecclesiale tutta protesa ad annunziare il Vangelo senza tradire gli insegnamenti del Figlio.

Il documento d'identità ci qualifica per quello che siamo e ci identifica per i tratti somatici della nostra persona e ha in sé il significato di metterci in relazione con gli altri. Maria entra nella scena della storia della salvezza esattamente al contrario. Appare immediatamente come una donna senza identità o non anagrafata. Infatti, se Gabriele, il messaggero di Dio, sembra a prima vista entrare nella sua casa, in realtà introduce Maria nella casa di Dio dandole un'identità unica e proiettandola nella sfera dell'Eterno. Nasce così una dimensione nuova in cui Maria non solo acquista la sua identità, ma gli è riconosciuta una genealogia e proprio a lei è chiesto di essere donna della nuova genealogia di una moltitudine di figli. Si passa così dalla nullità alla credibilità. Dobbiamo a questo punto chiederci cosa permette a lei di essere una donna dalla nuova anagrafe.

Tutto si concretizza nella disponibilità corredata da un'esperienza di fede consolidata e che si consoliderà sempre più nel cammino che anche lei farà con Gesù. La vera maternità di Maria, che scaturisce dall'attenzione a lei riservata da Dio, sta nel suo consegnarsi al futuro dell'umanità senza rimanere nella rassegnazione del passato. Infatti, si diventa generatori di speranza solo se, comunitariamente, si costruisce il futuro.

Dalla vicenda di Maria a Nazareth nasce anche la nuova carta d'identità della Chiesa. Una Chiesa che guarda al futuro e che nell'azione educativa e attraverso l'esperienza di un continuo rinnovamento propone la dinamica missionaria della pastorale. La Chiesa della ricezione è chiamata a diventare comunità della missione che rivela la sua identità nella giovanilità, nella pro-vocatorietà e nella fecondità degli oratori, dell'attenzione alle povertà nell'attenzione alle periferie e di una rivalutazione di catechesi esperienziale che edifichi il nuovo popolo di Dio.

La novità di Maria è la stessa oggi richiesta a tutta la Chiesa: rivalutare la dimensione laicale. Maria è figlia di Dio e madre del nuovo popolo di Dio perché credente ed impegnata nella vita a dare una svolta di fede a tutti i credenti. La stessa comunità ecclesiale oggi è chiamata ad essere credente ed impegnata a voltare pagina nella missionarietà per imprimere una svolta nuova di fede a tutti i battezzati.

Capitolo Primo

MARIA E LA CHIESA PER UN PROGETTUALITÀ DI EVANGELIZZAZIONE

1.1 Introduzione

Il rapporto intrinseco che passa tra Maria e la Chiesa rivela quanto non si tratti di un mistero nascosto, ma di una strada da percorrere come comunità ecclesiale. Maria, infatti, non è solo la piccola fanciulla di Nazaret che scivola fuori dall'anonimato per aver aderito prontamente alla proposta di Jahvè oppure pronta a lasciarsi immortalare nei *tabloid* per fare notizia; ella è l'immagine viva della comunità ecclesiale che

> «cooperò con la carità alla nascita dei fedeli della Chiesa, i quali di quel capo sono le membra. Per questo è anche riconosciuta quale sovreminente e del tutto singolare membro della Chiesa, figura ed eccellentissimo modello per essa nella fede e nella carità; e la Chiesa cattolica, istruita dallo Spirito Santo, con affetto di pietà filiale la venera come madre amatissima».[1]

Inoltre, Maria esprime la figura esemplare della Chiesa del futuro offrendo l'opportunità di comprendere l'obiettivo verso cui la comunità ecclesiale deve proiettare i cammini di fede della stessa in una visione di evangelizzazione.[2]

[1] Lumen Gentium, *Costituzione dogmatica sulla Chiesa*, in *Enchiridion Vaticanum*, I, Edizioni Dehoniane Bologna, Bologna 1993, 53. D'ora in poi citeremo LG.

[2] «Gli itinerari di fede potrebbero essere proposte pastorali in grado di ridare nuova incisività alla situazione ecclesiale e parrocchiale in specie nello stato attuale. Gli stessi devono avere l'obiettivo di coniugare il rapporto fede-vita che appare disatteso nel contesto socio-culturale odierno, caratterizzato da un forte pluralismo che tende a relativizzare tutto e a uniformare anche il credo religioso, quasi da definirsi globalizzazione religiosa. Infatti questi itinerari devono avere come obiettivo di ricondurre gli uomini e le donne a Cristo. Questa progettualità, inserita nel contesto della nuova evangelizzazione, permette di non creare una pastorale *dell'eternità* o

Il binomio Maria-Chiesa è ineludibilmente coniugabile poiché interfacciando le proposte che la Vergine di Nazaret riesce a concretizzare, anche la comunità ecclesiale può individuare e realizzare le prospettive pastorali di ciò che è chiamata ad attuare con urgenza, superando la mentalità del sacerdote come unico motore dell'animazione comunitaria.[3]

1.1 Maria e la Chiesa del terzo millennio

Maria è una donna senza tempo, ma è indicata – per usare una felice espressione di Giovanni Paolo II – anche come *stella della nuova evangelizzazione*.[4] Infatti si può affermare che la sua persona non è mai passata di moda e non è crollata, nonostante il suo essere donna, di fronte ai grandi sistemi ideologici e massimalisti anche della nostra storia contemporanea. Inoltre, se dovessimo usare un linguaggio figurato, dovremmo affermare che il suo calendario non prevede giornate di riposo, ma esperienze continue di rinnovamento a cui tutta la comunità ecclesiale dovrebbe fare riferimento. Maria non solo contribuisce a generare il Salvatore, ma soprattutto a sconfiggere il male e le antiche paure che ancorano la fede a schemi ripetitivi e angoscianti di norme impositive che ancora sembrano essere incancrenite nelle strutture pastorali della vita della comunità ecclesiale attuale.

Se Maria ripassasse oggi nelle nostre riunioni di Chiesa avrebbe certamente da rimproverarci sulle modalità con cui pratichiamo l'evangelizzazione nell'era della globalizzazione. L'uomo di oggi, infatti, è un *homo economicus* che cerca il profitto senza lavoro e che tende a

della sedentarietà, ma induce a elaborare un programma pastorale in cui ci sia una progettazione» (A. Ruccia, *Itinerari di fede per la parrocchia,* Edizioni Dehoniane Bologna, Bologna 2005, 40).

3 W. Kasper, *Servitori della gioia. Esistenza sacerdotale,* Queriniana Brescia 2007, 153-162

4 «Tante volte in questi anni l'ho presentata e invocata come " Stella della nuova evangelizzazione ". La addito ancora, come aurora luminosa e guida sicura del nostro cammino. "Donna, ecco i tuoi figli", le ripeto, riecheggiando la voce stessa di Gesù (cfr. *Gv* 19,26), e facendomi voce, presso di lei, dell'affetto filiale di tutta la Chiesa.» (Giovanni Paolo II, *Novo millennio ineunte,* Libreria Editrice Vaticana, Città del Vaticano 2001,58).

stritolare anche con l'illiceità i suoi simili. Spesso questo uomo appare come la persona della provvisorietà e del *carpem diem,* che si attarda a contemplare se stesso senza progettare il futuro.

La comunità ecclesiale non può limitarsi ad esorcizzare questo uomo, spesso relegandolo nella sfera del demoniaco e ritenendolo un essere *a latere* del suo modo di evangelizzare. Essa è chiamata a confrontarsi e a cercare il modo più opportuno per eliminare lo *spread* che si è creato tra tutta la comunità ecclesiale e la vita della persona.[5] Infatti, questo tipo di uomo passa dalla categoria di persona a quella di massa insignificante che si mimetizza facilmente dietro i paraventi e non riesce ad esprimersi. Esso diventa spesso trasmettitore di idee che non conosce e preferisce stare dietro le quinte.

A questo uomo la comunità ecclesiale è chiamata a dare delle risposte anche senza la pretesa dell'esausitività, ma con una prospettiva diversa per indicare l'attenzione della stessa non solo nella sfera dello spirituale, ma anche di quella temporale.[6]

La prima prospettiva della comunità ecclesiale d'oggi è proprio quella di cercare e di ricercare l'uomo proiettandolo nella dinamica della corresponsabilità nei confronti di Dio e della società attraverso un'impostazione nuova che si fondi su contenuti biblici ed esistenziali

[5] Cf. A. Ruccia, *Comunità e nuova evangelizzazione. Riflessioni sul nostro tempo e proposte pastorali,* Edizione Missionaria Italiana, Bologna 2012.

[6] «Lo sviluppo non deve essere inteso in un modo esclusivamente economico, ma in senso integralmente umano. Non si tratta solo di elevare tutti i popoli al livello di cui godono oggi i Paesi più ricchi, ma di costruire nel lavoro solidale una vita più degna, di far crescere effettivamente la dignità e la creatività di ogni singola persona, la sua capacità di rispondere alla propria vocazione e, dunque, all'appello di Dio, in essa contenuto. Al culmine dello sviluppo sta l'esercizio del diritto-dovere di cercare Dio, di conoscerlo e di vivere secondo tale conoscenza. Nei regimi totalitari ed autoritari è stato portato all'estremo il principio del primato della forza sulla ragione. L'uomo è stato costretto a subire una concezione della realtà imposta con la forza, e non conseguita mediante lo sforzo della propria ragione e l'esercizio della propria libertà. Bisogna rovesciare quel principio e riconoscere integralmente *i diritti della coscienza umana,* legata solo alla verità sia naturale che rivelata. Nel riconoscimento di questi diritti consiste il fondamento primario di ogni ordinamento politico autenticamente libero. È importante riaffermare tale principio per vari motivi». (Giovanni Paolo II, *Lettera enciclica, Centesimus annus,* Libreria Editrice Vaticana, Città del Vaticano 1997, 29).

nello stesso tempo.[7] Le catechesi delle comunità diventano un elemento indispensabile per l'evangelizzazione. Al contrario sono spesso sottovalutate e proposte saltuariamente nel panorama della quotidianietà pastorale. Esse tendono a riportare messaggi o a ripetere nozioni da riproporre, e non tanto ad approfondire i contenuti di fede e soprattutto a porre la comunità stessa attraverso il discernimento e il lato esperienziale che è insito nella catechesi ad approfondire il senso della ricerca dell'Assoluto. L'importanza della catechesi per la formazione e l'evangelizzazione nella vita comunitaria è di capitale importanza. Per questo, quando la vita delle comunità ecclesiali non è scandita dalla catechesi settimanali e sistematiche ne deriva come conseguenza un rifugio nel privatismo della fede che trova largo spazio nelle devozioni popolari.[8]

Dalla catechesi comunitaria (anche se preferibile per fasce d'età, ma con un'unica tematica) scaturisce la proposta di annuncio della fede. La stessa fede che è un cammino di tutti deve provocare la novità dell'evangelizzazione attraverso una dimensione missionaria e propositiva dell'esperienza, proprio come tutta la letteratura scritturistica neotestamentaria indica per quanto riguarda Maria. Tutto ciò richiede un cammino che coinvolga tutti e dove ciascuno si rende protagonista dell'annuncio del Vangelo. Non si tratta semplicemente di una notizia

[7] «L'uomo è un essere personale, che non può essere risolto nella comunità, la cui individualità non può essere smarrita nella collettività, ma che tuttavia necessita in modo imprescindibile della comunità in Cristo per realizzare la vocazione in Cristo nella quale è stato creato e redento. In questo senso non l'uomo è posto in essere a servizio o in funzione della comunità, ma è la comunità è voluta e pensata in vista della persona. Tuttavia la comunità non può essere concepita come un mero strumento a disposizione dell'uomo, bensì come il contesto vitale nel quale egli è chiamato ad inserirsi responsabilmente e nel quale conseguire la propria pienezza» (F. Brancaccio, *Antropologia di comunione. L'attualità della Gaudium et Spes,* Rubbettino, Soveria Mannelli (Cz), 2006, 242).

[8] «L'equilibrio tra l'aspetto di conoscenza della fede e l'aspetto di avvio alla gioiosa vita di fede va ricercato nelle concrete situazioni vissute dai soggetti della catechesi. Le domande che una persona o un gruppo si fanno, le provocazioni della mentalità corrente, le esigenze di incarnazione del messaggio da parte della comunità cristiana e delle persone singole potranno spostare l'esigenza di accentuazione dall'uno all'altro aspetto del problema. Importa tuttavia che non si facciano scelte limitanti, a partire da premesse di tipo intellettualistico o da premesse di tipo pragmatistico» (G. Giusti, *Finalità della catechesi*, in *Enciclopedia di Pastorale*, II, Piemme, Casale Monferrato 1992, 26).

da portare, ma di un Cristo da riproporre secondo le attuali situazioni storiche. È per questo che una comunità ecclesiale non si deve mai sentire arrivata, né inesperta nel proporre i contenuti della fede se questi sono frutto di un ascolto di ciascun membro della stessa. Nasce di qui l'esigenza di vedere la stessa comunità, sulle orme di Maria, proiettata proprio nell'ottica della nuova evangelizzazione.

1.2 Evangelizzare nella novità

L'attenzione ecclesiale sulla nuova evangelizzazione e sulla trasmissione della fede nella nostra società stimola alla ricerca di nuove strategie d'intervento nell'azione pastorale. Le incertezze nell'impostazione di una nuova pastorale, spesso sfilacciata e improvvisata, con strategie da obiettivi poco chiari, rivelano spesso risultati inefficaci.[9] L'azione pastorale ecclesiale in alcuni casi appare *selvaggia,* votata allo spontaneismo e soprattutto poco incline ad essere verificata; in altri casi *tecnocratica* attraverso un eccesso di organizzativismo o ad un accumulo di iniziative che si sovrappongono; in altri ancora *abdicativa,* in cui le urgenze societarie e di realizzazione di fede sono demandate tanto da collocare la stessa comunità nell'immobilismo.

Il decrescente numero dei sacerdoti e più parrocchie affidate ad un solo sacerdote con l'ausilio di bravi laici che fungono più da custodi che da punti di riferimento dell'azione pastorale vedono un passaggio epocale che in molti definiscono solo ed esclusivamente come fenomeno di crisi.[10] Se, invece, proviamo a pensare che questo è un *segno dei tempi*

[9] «Oggi è necessario un più convinto impegno ecclesiale a favore di una nuova evangelizzazione per riscoprire la gioia nel credere e ritrovare l'entusiasmo nel comunicare la fede. Nella quotidiana riscoperta del suo amore attinge forza e vigore l'impegno missionario dei credenti che non può mai venire meno. La fede, infatti, cresce quando è vissuta come esperienza di un amore ricevuto e quando viene comunicata come esperienza di grazia e di gioia. Essa rende fecondi, perché allarga il cuore nella speranza e consente di offrire una testimonianza capace di generare: apre, infatti, il cuore e la mente di quanti ascoltano ad accogliere l'invito del Signore di aderire alla sua Parola per diventare suoi discepoli» (BENEDETTO XVI, *Motu proprio, La porta della fede,* Libreria Editrice Vaticana, Città del Vaticano, 2011, 7).

[10] A. RUCCIA-V. ANGIULI, *La Vicaria nell'Arcidiocesi di Bari-Bitonto*, in *Annali Odegitria II*, (1995), 185-212.

possiamo cominciare ad ipotizzare nuove strategie atte a rilanciare l'azione missionaria evangelizzatrice delle comunità ecclesiali.

I fenomeni della globalizzazione e del relativismo non possono essere semplicemente presi come realtà da demonizzare, ma è necessario partire da queste situazioni per progettare il come concretizzare la pastorale del futuro.

Per questo è necessario intendersi sul concetto di nuova evangelizzazione; quali sono i punti cardini su cui dev'essere poggiata e soprattutto quale proposta di parrocchia potrebbe essere efficace partendo dalla tipologia delle attuali realtà in atto.

Sappiamo bene che la vita umana non si realizza da sé, ma necessita dell'aiuto degli altri. È necessario per questo domandarsi come si realizza il divenire della vita umana e quale peso ha la comunità ecclesiale sulla formazione integrale dell'uomo.

L'evangelizzazione richiama ad una sintesi tra storia e vita. Infatti, Gesù indica nell'evangelizzazione e in quella dei poveri in particolare, già una chiara risposta. (Lc 4,18)[11] Da qui deriva il bisogno di una nuova evangelizzazione in cui si riscopra la centralità di Gesù Cristo come persona che dona senso all'agire umano.

1.3 Struttura e metodo di una evangelizzazione nuova

Come strutturare e quale metodologia usare per una pastorale ecclesiale in cui emerga un'evangelizzazione che assuma i connotati della novità?

La comunità ecclesiale si è sempre preoccupata dell'evangelizzazione e di essere in stato di missione. Oltre alla celebrazione eucaristica quotidiana, all'amministrazione dei sacramenti, all'annuncio della Pa-

[11] «Per Luca, l'annuncio di Gesù non riguarda più l'annuncio del Regno di Dio, compreso come evento stravolgente che sta per irrompere e trasformare radicalmente il mondo; è l'annuncio di un Regno che, nella proclamazione evangelica, fa sentire i suoi effetti salvifici nella storia. … Non si tratta per l'evangelista, di consolare gli Israeleiti alla vista della punizione divina inflitta alle nazioni pagane (cf Is 61, 2-3); importa invece annunziare a tutti un anno di grazia, non da capire materialmente come un anno giubilare preciso, ma come tempo della liberazione che caratterizza oramai la storia della salvezza» (G. Rossè, *Il Vangelo di Luca. Commento esegetico e teologico,* Città Nuova, Roma 2006, 155).

rola di Dio non ha mai dimenticato di impegnarsi per la giustizia e la carità.[12] Ha speso, infatti, molto nell'attività educativa per la formazione di tutti senza esclusione alcuna.[13]

Questa evangelizzazione nella sua completezza ha determinato il cammino di tanti e le loro scelte conseguenti. Dall'altra parte assistiamo, purtroppo, ad un progressivo e preoccupante processo di scristianizzazione e di perdita dei valori umani essenziali.

Per questo è necessario, nonostante la continuità del lavoro svolto, una svolta capace di farsi sentire da quel mondo che non trova accesso alle strategie in atto nell'attività pastorale contemporanea. Il punto da cui partire è la certezza che il Vangelo è destinato a tutti e non solo a una cerchia determinata di persone affinché la comunità ecclesiale diventi aperta verso tutti e porti a ciascuno il Vangelo.

Tutto ciò sempre coincide con l'episodio riportatoci dall'evangelista Marco nel suo Vangelo (Mc 9, 38-48). Gesù, infatti, aveva dato ai suoi discepoli la capacità di liberare dai demòni, cioè di liberare da quelle forme di male che impediscono di accogliere il messaggio della Buona Notizia. Ebbene, essi tentano, con arroganza, di fermare quelli che lo fanno. A Giovanni, che aveva riferito la resistenza da parte degli

[12] «Alla fede vissuta e pensata dei cristiani è chiesta l'audacia di idee e di gesti significativi e inequivocabili di carità e di giustizia nella sequela del Cristo crocifisso per tutti: il cristianesimo del terzo millennio o sarà più credibile nella carità e nel servizio che essa ispira, o avrà ben poco ascolto nel cuore dei naufraghi del *secolo breve,* che restano – nonostante tutto – alla ricerca di un senso capace di dare sapore alla vita e alla storia. Il senso che solo Cristo, nel suo crocifisso amore, ha saputo offrire e continuare a donare a chi lo accolga nel profondo del cuore e della vita, nella fede, nella speranza e nella carità verso il prossimo» (B. Forte, *Una teologia per la vita*, Editrice La Scuola, Brescia 2011, 224).

[13] «Affinché i singoli uomini assolvano con maggiore cura il proprio dovere di coscienza verso se stessi e verso i vari gruppi di cui sono membri, occorre educarli con diligenza ad acquisire una più ampia cultura spirituale, utilizzando gli enormi mezzi che oggi sono a disposizione del genere umano. Innanzitutto l'educazione dei giovani, di qualsiasi origine sociale, deve essere impostata in modo da suscitare uomini e donne, non tanto raffinati intellettualmente, ma di forte personalità, come è richiesto fortemente dal nostro tempo. Ma a tale senso di responsabilità l'uomo giunge con difficoltà se le condizioni della vita non gli permettono di prender coscienza della propria dignità e di rispondere alla sua vocazione, prodigandosi per Dio e per gli altri». Gaudium et Spes, *Costituzione pastorale sulla Chiesa nel mondo contemporaneo*, in *Enchiridion Vaticanum*, I, Edizioni Dehoniane Bologna, Bologna 1993, 31. D'ora in poi citeremo GS.

altri apostoli nei confronti di quelli che contribuiscono alla cacciata del male nel nome del Maestro ma che non facevano parte degli intimi, Gesù replica che non è concepibile lavorare per il bene rimanendo chiusi in un circolo ristretto. Emerge chiaramente la logica della gelosia che serpeggia nei Dodici e in tante delle nostre comunità ecclesiali. Spesso si avverte questo sentimento soprattutto in coloro che vivono da sempre l'esperienza della vita intraecclesiale. Si ha paura di perdere il proprio ruolo debitamente ritagliato ad uso e consumo personale dimenticando di lavorare per il bene dell'umanità.

Gesù ammette che ci possano essere suoi discepoli, anche se non appartengono al gruppo che pretende di avere il monopolio del suo insegnamento.[14]

Si comprende anche la reazione da parte di Gesù che, proponendo la scelta dei piccoli motiva chiaramente che anche un semplice gesto offerto nel suo nome contribuisce a rendere la vita, un'esperienza di collaborazione e soprattutto una comunità di fede cui guardare con attenzione.

Chi sono questi piccoli? Il testo greco ha il termine μικρόν, che non indica tanto i bambini, quanto le nullità, le persone emarginate, gli insignificanti della società. "*Che credono in me*", sono persone adulte che hanno dato adesione a Gesù, ma sono persone senza importanza. È la novità dell'essere nuovi e propositivi che determina scelte anche negli altri.

L'evangelizzazione non è il frutto d'iniziative speculari e calcolatrici. Essa nasce dal farsi prossimo, dall'essere attenti ai disagi, dall'andare incontro e dal non voler rimanere nel proprio io e soprattutto nel proprio recinto di Chiesa. Qui nasce la comunità. Non è il frutto di un'assommazione o di una collaborazione che produce il tornaconto, ma di coloro che operano insieme per il dono della gratuità. Tanti più sforzi saranno indirizzati verso la gratuità, tanta più gente scolpirà in sé l'immagine del Cristo buono che non è salito sulla croce per esaltarsi, ma per amarci.

La comunità ecclesiale non è chiamata a recidere, ma a crescere non rimanendo mai nel proprio interesse. È la Chiesa che in tanti cercano ed è la comunità che non delude mai nessuno.

[14] Cf E. Bianchi, *Perché avete paura? Una lettura del Vangelo di Marco*, Mondadori, Milano 2011.

Tutto ciò non coincide con il ricercare il successo o i grandi numeri, poiché questo non è il metodo di Dio. Per il regno di Dio, e così per l'evangelizzazione, strumento e veicolo del regno di Dio, vale sempre la parabola del grano di senape (*Mc* 4, 31-32).

La nuova evangelizzazione non coincide con la pedagogia di attirare subito con nuovi metodi le grandi masse "di lontani" dalla comunità ecclesiale. È l'inventarsi un cammino di continuità e di pazienza che passa per la trasmissione dei contenuti della fede fatta con chiarezza e spiegata con fondamenti biblici e teologici.

Quando gli apostoli chiedono a Gesù che aumenti il "peso" della fede, sembra che vogliano consolidare i loro tentennamenti. Infatti, non possiamo parlare di solidità della fede durante il naufragio del lago di Tiberiade, né c'è un'attestazione d'identità cristica dinanzi alla serva da parte di Pietro nel Pretorio, mentre Gesù stava per essere "tradotto" (consegnato) alla morte. Una debolezza che si riscontra anche nella pesca miracolosa post-pasquale, quando gli apostoli confondono il Maestro con un fantasma, e nelle varie difficoltà ad accogliere le novità che Gesù propone agli ebrei che ponevano il loro credo nella stretta tradizione legalistica della Legge.

La fede non è qualcosa di psicologico o un atteggiamento da acquisire. Non è un semplice fidarsi tanto da essere obbediente ad un "ideologo" di stampo religioso. La fede non è una filosofia peripatetica, ma è un cercare e un ricercare il come vivere e attualizzare il messaggio d'amore proposto da Gesù.

Il peso della fede è paragonato ad un granellino di senape. È difficile pensare che il tutto possa essere paragonabile ad un granellino inafferrabile. In realtà la fede, per tanti, è inafferrabile perché si ha poca fiducia nell'amore che Gesù riversa nei nostri confronti e allora si ricercano soluzioni alternative finendo nel precipizio del nulla e a volte in una dimensione antiumana. Ciò vale per quel che si definisce ateismo. Infatti

> «l'ateismo, questa parola così pregna di Dio fin dal suo etimo (ἀθέως, senza Dio), non è estraneo alla fede, ma a essa legato a filo doppio: sia quando solleva contro la fede un'aspra contestazione, sia quando della fede è il tarlo o il lato in ombra, sia quando vuole sostituirla come suo credibile *alter ego*».[15]

[15] U. Sartorio, *Scenari della fede. Credere in tempo di crisi*, Edizioni Messaggero Padova, Padova 2012, 59.

La fede, è il servizio della gratuità e dell'amore tanto che la comunità ecclesiale è invitata a porsi nella logica della disponibilità e della gratuità. La fede è un continuo cercare e ricercare, a partire dalla parola evangelica di Gesù, per mettersi a disposizione di tutti e soprattutto per collocarsi dalla parte di chi non è amato. Non è una questione legata ad una retribuzione o ad una soddisfazione di sacrifici. Non è un elencare le preghiere o un biascicare parole, ma richiede che ci sia un itinerario dei singoli svolto insieme con gli altri per passare dalle scelte individuali a quelle comunitarie.

Nuova evangelizzazione non vuol dire coinvolgere con nuovi metodi le grandi masse "di lontani" dalla comunità ecclesiale, ma osare di nuovo con l'umiltà del piccolo granello che lasciando crescere certamente porterà i suoi frutti.

Infatti, anche alcuni Greci avevano desiderio di conoscere Gesù (Gv 12,20-33). Filippo lo riferisce ad Andrea e alla loro domanda Gesù afferma che l'ora del Figlio dell'uomo è quella della rinascita. Come il chicco di grano che caduto in terra, marcisce e si moltiplica, così coloro che intendono vedere e conoscere Gesù devono essere pronti a passare dalla sofferenza alla vita.

Se la comunità ecclesiale rimane nella solitudine e nell'isolamento dimenticando che deve immergersi nelle situazioni fino a cementarsi con esse, non produrrà alcun risultato. Solo se la stessa si preoccuperà di amalgamarsi fino a donare tutta se stessa vedrà i frutti della rinascita.

Una Chiesa paurosa di spendersi e riluttante a progettare nuove strategie d'evangelizzazione è una comunità senza futuro. Una Chiesa timorosa e spaventata di donarsi è una comunità spenta.

È l'ora in cui l'educazione dei ragazzi, le possibilità d'investimento a favore dei poveri, il collocarsi a fianco di chi lotta per la legalità, l'amore verso i diversamente abili, la continuità delle catechesi e le liturgie partecipate non possono essere ritenute superflue per una progettualità di vita nuova.

È evidente che con l'"ora" di Gesù il tempo acquista una nuova dimensione: la comunità ecclesiale cessa di vivere nel provvisorio anonimo ed entra nell'eternità di Dio. Il tempo della nostra storia è il computo dell'eternità (cf Gv 4,23; 5,25; 12,27.31; 13,31; 16,5; 17,13). La croce di Cristo diventa così il tacito invito all'umanità a diventare un solo popolo perché gli ultimi tempi sono iniziati e tutta l'umanità è convocata davanti alla croce che da supplizio diventa il trono della regalità, il trono della Maestà di Dio.

La comunità del futuro è chiamata a convertirsi e a rendersi visibile: nei momenti di adorazione, nelle stanze di ospedale, al capezzale dei malati terminali, nell'accoglienza delle ragazze di strada, nell'attenzione ai giovani e in ogni gesto di oblatività.

Non dobbiamo dimenticare che anche Paolo alla fine della sua vita ha avuto l'impressione di aver portato il Vangelo ai confini della terra, ma i cristiani erano solamente piccole comunità disperse nel mondo, insignificanti secondo i criteri secolari. In realtà furono il germe che penetra dall'interno la pasta e portarono in sé il futuro del mondo (cfr *Mt* 13, 33). La nuova evangelizzazione deve sottomettersi al mistero del grano di senape e non pretendere di produrre subito il grande albero. Noi o viviamo troppo nella sicurezza del grande albero già esistente o nell'impazienza di avere un albero più grande, più vitale, ma dobbiamo invece accettare il mistero che la Chiesa è una comunità di vita.[16]

Da questo deriva il metodo da adottare per offrire a tutti la possibilità di farsi ascoltare e soprattutto di rendere comprensibile ciò che il Cristo ha detto e annunziato. Il modello a cui rifarsi è quello di Paolo che nella sua opera missionario-evangelizzatrice non ha legato il suo successo né alla retorica né alla prudenza pastorale, ma alla sofferenza e alla comunione nella passione con Cristo (cfr 1 *Cor* 2, 1-5- 2 *Cor* 5, 7; 11, 10s: 11, 30; *Gal* 4, 12-14).

È nella comunità che si offre e testimonia il Vangelo il segno vero della testimonianza per completare «quello che manca ai patimenti di Cristo» (*Col* 1, 24). Questa comunità nel vivere la sua μαρτυρία diventa feconda di vita nuova, perché «...chi perderà la propria vita per causa mia e del Vangelo, la salverà» (*Mc* 8, 36).

Infatti i primi ad arrivare sotto la croce con le palme tra le mani sono

[16] «I discepoli del Signore, uniti a Cristo mediante l'Eucaristia, vivono in una comunione che li lega gli uni agli altri come membra di un solo corpo. Ciò significa che l'altro mi appartiene, la sua vita, la sua salvezza riguardano la mia vita e la mia salvezza. Tocchiamo qui un elemento molto profondo della comunione: la nostra esistenza è correlata con quella degli altri, sia nel bene che nel male; sia il peccato, sia le opere di amore hanno anche una dimensione sociale. Nella Chiesa, corpo mistico di Cristo, si verifica tale reciprocità: la comunità non cessa di fare penitenza e di invocare perdono per i peccati dei suoi figli, ma si rallegra anche di continuo e con giubilo per le testimonianze di virtù e di carità che in essa si dispiegano» (BENEDETTO XVI, *Prestiamo attenzione gli uni agli altri, per stimolarci a vicenda nella carità e nelle opere buone* (*Eb*10,24) – Messaggio per la quaresima 2012, Edizioni San Paolo, Milano 2010).

i martiri. Essi non hanno il volto triste di chi ha subìto le violenze, ma il sorriso di chi ha offerto la propria vita per la causa del Vangelo. Non hanno le mani sporche di sangue, né lo sguardo della vendetta. Hanno creduto che il Cristo fosse la causa della propria vita e che per il Nazareno valesse la pena di donarsi completamente.

Sono i testimoni che procedono in prima linea e che ancora oggi non si stancano di testimoniarlo nelle strade e sulle piazze. Non arrivano al Calvario affaticati, ma pronti a ricominciare.

I testimoni della fede sono i primi beati che, massacrati nelle chiese dell'Africa, nel silenzio dei regimi dittatoriali, nelle bidonville delle megalopoli dei paesi poveri e nelle periferie dimenticate del primo mondo ridonano coraggio e fiducia.

Come per Gesù ciò che poteva sembrare una condanna è risultata una proposta, così ogni martirio (testimonianza) è semplicemente il cammino di un nuovo inizio.

1.4 I contenuti essenziali della nuova evangelizzazione

Possiamo riassumere in quattro punti i contenuti essenziali della nuova evangelizzazione: conversione, regno di Dio, Gesù Cristo e vita eterna.

a) *Conversione*

Il contenuto fondamentale dell'Antico Testamento, la μετάνοια,[17] è riassunto nel messaggio di Giovanni Battista: Convertitevi! Infatti non è ipotizzabile conoscere Gesù senza richiamarsi al Battista. Quest'ul-

[17] «Nella *grecità* la caratteristica semantica decisiva di *metanoia/metanoeo* è il cambiamento (di mentalità) (tanto verso il bene quanto verso il male). Nel caso di un cambiamento morale i concetti si riferiscono al singolo caso, non ad una determinazione globale dell'intera esistenza. Elemento determinante dell'accezione neotestamentaria è il *veterotestamentario sub* (convertirsi nel senso dell'allontanamento da ciò che è stato finora e ritorno al punto di partenza. … *Sub* ha un significato specificatamente religioso nella *profezia*. Esso mira al ritorno nel rapporto originario con Jahvè, senza ciò escludere l'idea di un inizio completamente nuovo. Specialmente in Amos, Osea e Isaia la conversione è orientata in modo strettamente personale e costituisce un atto che riguarda tutta l'esistenza. In Geremia, e poi specialmente in Ezechiele viene in primo piano l'allontanamento dai peccati» (H. MERKLEIN, *Metanoia e metanoeo,* in *Dizionario Esegetico del Nuovo Testamento* (a cura) di H. BALZ e G. SCHNEIDER, Paideia, Brescia 2004, 355-356)

timo propone per i suoi ascoltatori un battesimo di conversione per il perdono dei peccati.

All'inizio del Vangelo di Marco, il messaggio di conversione dei profeti si ritrova in tutta la sua radicalità nell'annuncio di Giovanni il Battista, che propone per gli ascoltatori un battesimo di conversione per il perdono dei peccati (Mc. 1, 4).

Gesù non si accontenta di questo tipo di annuncio (Mc. 1,4), ma «al centro della propria proclamazione pone il regno di Dio come dono attuale di salvezza con conseguenza per la vita futura, e non per il giudizio».[18]

Questa differenza fondamentale tra il Battista e Gesù ci permette di capire che «anche se la venuta del regno non dipende dall'opera dell'uomo, essa tuttavia lo impegna fin d'ora con la pienezza del suo pensiero e della vicinanza del regno e del compimento del tempo. Questa progressione è importantissima. Il ravvedimento non è altro che il volgersi in modo completo, totale, al "gioioso annunzio"»[19].

La conversione nasce come risposta ad un evento. Non si tratta di un cambiamento parziale, ma un vero e proprio passaggio dall'egoismo all'amore, dalla difesa dei miei privilegi alla solidarietà più radicale. «L'accento non è posto sul mutamento delle qualità e delle azioni di un uomo, ma su quello del suo orientamento globale, del suo rapporto con Dio».[20]

Infatti, l'incitamento alla conversione trae origine dal messaggio di salvezza;[21] esso rivela come per il cristiano sia fondamentale vivere l'esperienza dell'incomprensibile bontà di Dio.[22]

[18] J. Becker, *Giudizio e conversione in Gesù,* Paideia, Brescia 1989, 97.

[19] E. Schweizer, *Il Vangelo secondo Marco,* Paideia, Brescia 1971, 52.

[20] B. Maggioni, *Il racconto di Marco,* Cittadella Editrice, Assisi 1979, 33.

[21] «Il Vangelo è dunque l'evento stesso della nuova proclamazione. Esso significa che le scansioni costitutive del tempo dell'attesa sono giunte all'ultima e sta per avverarsi la promessa antica dell'intervento sovrano salvifico di Dio. Gesù compie il primo atto del suo ministero appunto annunciando il regno di Dio; infatti "è compiuto il tempo ed è già vicino il regno di Dio: convertitevi e credere al Vangelo" (Mc. 1, 14-15). La novità, attesa, di "il lieto annuncio", il Vangelo ora è presente ed è l'annuncio stesso: "il Vangelo" che bisogna credere. Per i lettori ellenisti e già cristiani lo scritto di Marco è l'evento presente della proclamazione dell'evento del mistero evangelico di Gesù concernente la sovranità salvifica di Dio» (R. Riva, *Il Vangelo di Marco: un annuncio di salvezza nel mondo pagano,* in *Studia missionalia* (1993), 23).

[22] Cfr. J. Jeremias, *Teologia del Nuovo testamento I. La predicazione di Gesù,* Paideia, Brescia 1970, 155.

Alla comunità ecclesiale spetta, con fedeltà e assiduità, il compito di confermare e attuare l'invito di Cristo. Tutto ciò è riscontrabile sia in At. 2, 38, sia in Mt. 16,19, dove emerge principalmente la figura di Pietro. Infatti, nell'annuncio pubblico di At. 2, 38

> «Pietro raccoglie nella penitenza e nel perdono dei peccati la sostanza operativa del messaggio cristiano. ... Il fatto intimo e spirituale della penitenza-conversione dev'essere suggellato dal dono dello Spirito, garanzia totale della remissione dei peccati».[23]

Questa garanzia è frutto del potere conferitogli da Gesù (Mt. 16, 19) di reggere e di insegnare, come anche di giudicare, accogliere o escludere dal regno coloro che sottostanno alla sua autorità.

> «Le affermazioni o decisioni di Pietro non sono sentenze di scuola, ma norme di vita, vincolanti davanti agli uomini e davanti a Dio. ... Ciò che Pietro proibisce o promette, approva o disapprova, non tocca solo l'ambito della disciplina, della legalità o della convenienza, ma l'agire soprannaturale dell'uomo».[24]

Il tema della conversione rimanda alla dimensione Cristologica che è tipica proprio della nuova evangelizzazione che rivela la necessità dell'uomo

> «di mettere la sua mano in una mano più grande e più forte, una mano che dall'alto si tenda verso di lui. Questa mano è Cristo, nato a Betlemme dalla Vergine Maria. Lui è la mano che Dio ha teso all'umanità, per farla uscire dalle sabbie mobili del peccato e metterla in piedi sulla roccia, la salda roccia della sua verità e del suo amore (cf Sal 40,3)».[25]

Per questo è fondamentale che ogni conversione conduca ad un vero itinerario di fede poiché

[23] N. M. Loss, *Peccato e senso di colpa: prospettiva biblica,* in *Giovani e riconciliazione,* (a cura) di M. Midali e R. Tonelli, LAS, Roma 1984, 175.

[24] O. da Spinetoli, *Il Vangelo del primato,* Paideia, Brescia 1969, 82.

[25] Benedetto XVI, *Messaggio Urbi et Orbi*, Natale 2011, in *Osservatore Romano*, 27.12.2011.

«una conversione a Cristo che non fosse nel contempo ingresso o inserimento più profondo nella sua Chiesa, mancherebbe del suo esito definitivo».[26]

Lo stesso tema della conversione lo si ritrova espresso in altri termini in altri passi della letteratura neotestamentaria raggruppata in due categorie. La prima definibile Cristologica che sottolinea l'innocenza di Cristo (Eb 7, 26), il suo amore per la Chiesa (Ef 5, 25-26) e la manifestazione della bontà del Padre (1 Gv 4, 19). La seconda che rivela il modo vitale in cui il cristiano si pone dopo la conversione: volge le spalle al passato (Fil 3, 13), opera nella carità (1 Pt 4, 8) e riacquista il dono perduto (Ap 2, 4).

Da questo si evince che la parola greca che designa il convertirsi rimanda chiaramente ad un concreto ripensare soprattutto se stessi. In altri termini: non vivere come vivono tutti, non fare come fanno tutti, non sentirsi giustificati in azioni dubbiose, ambigue, malvagie dal fatto che altri fanno lo stesso, ma cercare un nuovo stile di vita attraverso un'esperienza che rimandi a Gesù Cristo. Questo non richiama uno stile di vita precettistico e integralista, ma di vera libertà e amore in Cristo.

È fondamentale che la comunità ecclesiale permetta al singolo di sentirsi parte di un popolo che cammina insieme per il bene anche dell'umanità. Infatti la Chiesa, sul modello dell'antico popolo d'Israele, è un popolo santo (1 Pt 2,9) in cui i membri sono consacrati per mezzo del battesimo (Ef 5,26) e soprattutto chiamati alla santità (1 Ts 4,3).[27] Tutto ciò è possibile perché la Chiesa ha per capo Cristo (Col 1,18-23); Egli ha dato se stesso perché questa fosse senza peccato (Tt 2,14). La conversione conduce alla sequela che

«non consiste nell'aggregarsi a un gruppo, ma nel seguire Cristo. Il motivo di coesione della comunità cristiana è il *me* che troviamo in ogni racconto di chiamata: *Seguimi!* (cf Mc 2, 14 e parr; Gv 1,43) e non il gruppo dei discepoli».[28]

[26] A. Bagnasco, *Chiesa trasparente al volto di Cristo*, in *Vita Pastorale* 7 (2012), 74.

[27] Cf L. Cerfaux, *Le immagini simboliche della Chiesa nel Nuovo Testamento,* in AA.VV., *La Chiesa del Vaticano II,* Firenze 1965, 299-313; K. Schmidt, *Ekklesia*, in *Grande Lessico del Nuovo Testamento*, IV, 1490-1580.

[28] G. Boscolo, *La tua parola è verità*, in *Servizio della Parola* (439), 2012, 135.

Da qui deriva l'atteggiamento che Gesù stesso richiede: non essere integralisti nei giudizi e nelle azioni (Mt 13, 5-8; 18-23; 24-30), ma piuttosto misericordiosi verso tutti (Lc 13, 6-9).

b) Il Regno di Dio

Nella chiamata alla conversione è implicito – come sua condizione fondamentale – l'annuncio del Dio vivente. Il teocentrismo è fondamentale nel messaggio di Gesù e dev'essere anche il cuore della nuova evangelizzazione. La parola-chiave dell'annuncio di Gesù è: Regno di Dio. Ma Regno di Dio non è una cosa, una struttura sociale o politica, un'utopia. Il Regno di Dio è Dio che

> «deve essere accolto con la semplicità e l'umiltà caratteristica dei bambini (Mc 10,15). Gli scribi con i farisei e quanti rifiutano la predicazione e la persona di Gesù sono costituzionalmente incapaci di capire e di accogliere il mistero del regno: l'orgoglio e l'autosufficienza impediscono loro di aprirsi alla luce divina che promana dal Vangelo e quindi di convertirsi e di entrare nella vita eterna. Aderendo al messaggio proclamato da Cristo, l'uomo è penetrato e pervaso dalla forza straordinaria di questo seme divino, quindi permette a tale seme di portare frutti copiosi nel suo cuore. In questo modo l'azione salvifica della *Parola* si rende presente ed operante sulla terra, per mezzo degli ascoltatori attenti che l'accolgono con docilità e semplicità».[29]

Gesù non si accontenta del messaggio proposto dal Battista, ma al centro della propria proclamazione pone il regno di Dio come dono totale di salvezza. Questa differenza fondamentale tra Giovanni e Gesù, ci permette di capire che anche la venuta del regno non dipende dall'opera dell'uomo, ma lo impegna nella contemporaneità a dare pienezza con il suo vivere a favore del creatore.

[29] S. A. Panimolle, *Regno di Dio,* in *Nuovo Dizionario di Teologia Biblica* (a cura) di P. Rossano, G. Ravasi, A. Ghirlanda, Edizioni San Paolo, Cinisello Balsamo (MI), 1988, 1304.

«L'accento non è posto sul mutamento delle qualità e delle azioni di un uomo, ma su quello del suo orientamento globale, del suo rapporto con Dio».[30]

Perciò l'evangelizzazione deve innanzitutto parlare di Dio, il Creatore e il Santificatore. Anche qui è da tener presente l'aspetto pratico. Dio non si può far conoscere con le sole parole. Annunciare Dio vuol dire introdurre nella relazione con Dio: insegnare a pregare sia singolarmente, sia attraverso la liturgia. Questa non è l'invenzione del sacerdote celebrante o di un gruppo di specialisti; la liturgia porta in sé il frutto dell'esperienza di fede di tutte le generazioni. Nell'azione liturgica i partecipanti percepiscono il significato profondo, la presenza del mistero, che trascende tutte le parole. Non è il celebrante centro dell'azione liturgica e non sta davanti al popolo nel nome, ma "in persona Christi". Quindi, non contano le capacità personali, ma solo la sua fede, nella quale si fa trasparente Cristo. (*Gv* 3, 30).

Il problema sta nel proporre una realizzazione del regno di Dio attraverso una rivalutazione della dinamica sacramentale come già i Padri della Chiesa avevano mostrato di potersi fare.[31] La scelta di coniugare la liturgia con un'esperienza ecclesiale, passante per la carità, non poteva che condurre ad una vita che concretizzasse l'esperienza del Vangelo di Gesù. Questo significa tradurre in atto quanto viene celebrato con un'unica finalità: vivere il *sensus ecclesiae* nella prospettiva di creare la comunità che è alla base del rinnovamento pastorale oggi richiesto, superando la logica del "piccolo gregge" come garanzia della rinnovabilità della Chiesa.[32]

Infatti, sebbene assistiamo ad una continua domanda di sacramenti da parte della gente, dobbiamo constatare che gli stessi appaiono diametralmente staccati da una proposta di fede che passa attraverso un itinerario comunitario. Sebbene siano efficaci nel momento in cui vengono

[30] B. MAGGIONI, *Il racconto* ..., cit., 33.

[31] Cf D. SARTORE-M. MAGRASSI, *Padri nella liturgia*, in *Enciclopedia di Pastorale*, III, Piemme, Casale Monferrato (Al) 1998, 67-75.

[32] «La Chiesa si pone, secondo la sua vocazione e costituzione originaria, come luogo del superamento della alterità-estraneità; non nell'appiattimento o nell'indifferenza, ma nell'assunzione della diversità in quanto molteplicità di apporti». (S. LANZA, *Convertire Giona. Pastorale come progetto,* Edizioni OCD, Roma 2008 (2 ed), 281).

amministrati, è altrettanto vero che la concretizzazione dei sacramenti avviene immediatamente dopo. Il problema diventa duplice poiché non solo vanno concretizzati, ma è necessario che si educhi a viverli con e insieme alla comunità.

> «I sacramenti producono, non quello che significano sul piano naturale, ma quello che significano sul piano rivelato della salvezza, secondo la realtà di Cristo. ... Si dicono efficaci di salvezza, in quanto realizzano in noi il mistero di Cristo secondo i momenti distinti che diventano e integrano la storia della salvezza».[33]

Si comprende come l'efficacia dei sacramenti derivi dall'attuazione della salvezza attraverso un'adesione e un'attuazione degli stessi sacramenti.

> «Si può anzi dire che l'evangelizzazione si compie nel sacramento, non solo nel senso che lo precede e lo prepara, ma anche perché entra nel sacramento vero e proprio e nel sacramento raggiunge la pienezza. La celebrazione del sacramento infatti è la più alta proclamazione di fede nel mistero; è il compiersi di ciò che annuncia; è la celebrazione dell'amore di Dio annunciato. Nello stesso tempo il sacramento costituisce un momento importante di annuncio e di evangelizzazione».[34]

Tutto ciò non è un qualcosa di soggettivo e personale, né tanto meno di eroico e gratificante, ma è espressione di una scelta di corresponsabilità dei singoli attraverso un cammino comunitario. Cristo nei sacramenti si rivela attraverso la Chiesa che è una comunità dei salvati e di salvezza poiché non solo riceve il dono ma deve proclamarlo nel mondo.

L'evangelizzazione che passa per i sacramenti, così come oggi è vissuta, deve condurre alla coniugazione tra liturgia e azione pastorale comunitaria. In altri termini tradurre l'azione efficace dei sacramenti in progetti comunitari di pastorale della nuova evangelizzazione. Tutto ciò può avvenire attraverso un relazionarsi dei ragazzi/e, che vivono l'espe-

[33] S. MARSILI, *Sacramenti,* in *Nuovo Dizionario di Liturgia*, Edizioni Paoline, Roma, 1995, 1281-1283.

[34] V. GROLLA, *L'agire della Chiesa. Teologia pastorale,* Edizioni Messaggero Padova, Padova 2000, 259.

rienza verso i sacramenti, con il mondo giovanile frutto di un itinerario di fede che non escluda anche gli adulti e un relazionarsi con il territorio passando dalla dinamica di una "Chiesa attendista ed accasata" ad una "comunità propositiva e coinvolgente" che non dimentica le problematiche che avvincono i singoli.

> «Tutto ciò non è possibile se non nasce ed è alimentato dalla consapevolezza che la comunione è dono di Dio, opera della sua iniziativa che rigenera la persona in Cristo e pone gli uomini in una relazione tra loro. Alla base della "pastorale integrata", dunque, sta quella "spiritualità di comunione" che precede le iniziative concrete e purifica la testimonianza dalla tentazione di credere a competizioni e personalismi»[35].

Il regno di Dio è il frutto di un lungo cammino che richiede l'esperienza della vita comunitaria, in cui ogni ragazzo/a, ogni giovane e ogni adulto realizzino insieme progetti di evangelizzazione **verso tutti**.

La comunità, non è un'aggregazione di gruppi e di responsabili, ma di persone. Questo richiede:

- la conoscenza e l'identità dei singoli che la formano;
- il coinvolgimento delle risorse umane territoriali;
- la capacità d'integrazione con ambienti diversi dalla stessa comunità ecclesiale;
- progettare teologicamente e pastoralmente una proposta coinvolgente, avvincente e missionaria.

c) Gesù Cristo

Da ciò che è stato espresso precedentemente la riflessione sul tema di Dio si concretizza in quello di Gesù Cristo. Infatti, solo in Cristo e tramite Cristo il tema Dio diventa realmente concreto: Cristo è Emanuele, il Dio-con-noi.

[35] Conferenza Episcopale Italiana, *Rigenerati per una speranza viva (1 Pt 1,3): Testimoni del grande "sì" di Dio all'uomo. Nota pastorale dell'Episcopato italiano dopo il 4° Convegno Ecclesiale Nazionale*, Edizione San Paolo, Milano 2007, 25.

È grande oggi la tentazione di ridurre Gesù Cristo, il Figlio di Dio, solo a un Gesù storico, a un uomo puro. Non si nega necessariamente la divinità di Gesù, ma con certi metodi si distilla dalla Bibbia un Gesù a nostra misura, un Gesù possibile e comprensibile nei parametri della nostra storiografia. Ma questo "Gesù storico" è un artefatto, l'immagine dei suoi autori e non l'immagine del Dio vivente. Ne fa eco l'apostolo Paolo sia nella seconda lettera ai Corinti (2 *Cor* 4, 3-6)[36] sia nell'inno Cristologico di *Col* 1, 15.[37]

È necessario, perciò, rilanciare il Cristo attraverso la ricerca appassionata della verità, ripercorrendo ciò che è avvenuto nell'animo di Nicodemo (Gv 3, 14-21). Quest'uomo stava cercando qualcosa di diverso. Non una diversità legata alla protesta o alla logica del disfattismo, ma un senso nuovo da dare alla sua vita. Non s'interrogava sul come si dovessero mettere in pratica le singole leggi mosaiche, ma si stava chiedendo come uscire dalla notte oscura dove non s'intravedeva nulla all'orizzonte.

Nicodemo è l'uomo degli interrogativi che cerca e ricerca quel qualcosa che gli manca per dare una svolta al suo essere persona. Nicodemo è oggi il sacerdote che non si accontenta di celebrare stancamente i sacramenti e di progettare ripetitivamente la sua azione di evangelizzazione; è l'uomo di scienza che oltre a calcolare perfettamente e matematicamente ogni cosa vuole trovare una risposta oltre la logica dell'esatto e del tutto compiuto; ed è il giovane che, superata la fase adolescenziale dell'emotività e dei tanti perché, è stanco di protestare contro tutto e tutti e cerca di concretizzare la "lieta notizia" che fin da piccolo gli hanno raccontato.

La risposta di Gesù rimanda a quanto oggi, come duemila anni fa, la comunità ecclesiale è invitata a ripetere per rilanciarsi proprio nell'evangelizzazione:

- **alzare lo sguardo** verso il Crocifisso che non è un oggetto ornamentale da parete o un amuleto per cacciare lo spirito del male; è una Per-

[36] Cf A. Pitta, *Seconda lettera ai Corinti*, Città Nuova, Roma 2008.

[37] «L'inno parla di Cristo nel suo rapporto con l'universo degli uomini. Agli occhi della fede, egli è l'unica risposta possibile alle inquietudini dell'uomo che si sente esistenzialmente minacciato e non comprende più il posto nel mondo». G. Rossè, *Lettera ai Colossesi*, Città Nuova, Roma 2001, 36.

sona che va incontro all'uomo anche nei momenti più difficili della sua vita;

- **impegnarsi per il bene** e insieme a tutti costruire una società dove l'uomo di scienza, il giovane pensieroso, l'ateo più incallito, la donna disperata e senza perché, il sacerdote scontento della sua azione evangelizzatrice, possono accendere la luce nuova nel cuore di chi ha già tirato *i remi in barca*.

Questo modello ecclesiologico ha certamente lo sguardo alzato; ha un compito oneroso e impegnativo. È la comunità ecclesiale che cerca e ricerca come dire, ridire e riproporre il Cristo. Questa Chiesa dallo sguardo alzato è chiamata ad uscire dalla notte e dall'oscurità andando incontro ai tanti, che pur ponendosi interrogativi sul senso del proprio vivere, si rintanano in se stessi.

In questo modo Gesù appare come il dono dell'amore di Dio per l'umanità e la massima espressione della manifestazione e comunicazione di Dio. Ne deriva la sequela, che è partecipazione alla sua croce, per una trasformazione della vita, che diventa nascita dell'uomo nuovo, creato secondo Dio, (cfr *Ef* 4, 24). Chi omette la croce, omette l'essenza del cristianesimo (cfr 1 *Cor* 2, 2).

Per questo motivo la comunità ecclesiale che si concentra sulla figura di Gesù Cristo deve proiettarsi nell'evangelizzazione missionaria. Se è certo che la Chiesa esiste per evangelizzare, in virtù del mandato ricevuto da Cristo stesso, oggi,

> «l'annuncio del Vangelo e della Persona del Signore risorto deve essere fatto con nuovo ardore, nuovi metodi, nuove espressioni. In tale modo le comunità saranno in grado di dare un rinnovato apporto alle missioni sia nei territori lontani, sia verso i non cristiani che vivono nei nostri Paesi di antica evangelizzazione. Inoltre, il rinnovato dinamismo della Chiesa si manifesterà in modo particolare nei riguardi delle persone battezzate e non sufficientemente evangelizzate, tanti fratelli e sorelle che si sono allontanati dalla Chiesa e dalla pratica religiosa. La nuova evangelizzazione deve avere uno sguardo particolare nei loro riguardi. Si tratta di un'ingente opera che coinvolge tutti i membri della Chiesa, non solamente il clero bensì anche i laici»[38].

[38] N. Eterovic, *La gioia della fede. La testimonianza che la Chiesa è chiamata a rinnovare oggi*, in www.agensir.it.

d) La vita eterna

Un ultimo elemento centrale di ogni vera evangelizzazione è la vita eterna.

La ricerca teologica negli ultimi anni ha tentato di superare la concezione individualistica e spiritualistica della *vita eterna*, collegandolo proprio con il tema del *regno di Dio* e proponendolo con una spiccata sensibilità per la dimensione storica comunitaria dell'esperienza cristiana e dall'attenzione sulla dimensione Cristologica.

Già nel Concilio Vaticano II tutto ciò era emerso laddove si parlava dell'indole escatologica della Chiesa terrestre nell'unione con quella ultraterrena.[39] Infatti la dimensione ecclesiale della vita eterna dei singoli battezzati non può essere intesa fuori dell'itinerario di fede che lega i cristiani, ma anche non può ignorare la dimensione cosmica.[40]

Il tempo del cammino storico è il tempo della Chiesa che si proietta verso la comunione totale con Dio, Uno e Trino, nella diversità di condizioni nella quale si trovano i suoi membri (Maria, i santi, e coloro che vengono purificati). La vita eterna non è più intesa come una realtà statica e distaccata dalla dimensione umana, ma rientra nella dinamicità della Chiesa che vive il presente come primordi della realizzazione futura.[41] Tutto ciò è riscontrabile nelle immagini neotestamentarie del banchetto, delle nozze, della città illuminata dall'Agnello. L'eternità, quindi, unisce nella comunione trinitaria tutti coloro che sono stati liberati dalla corruzione del peccato e della morte ed è nello stesso tempo oggetto di speranza per coloro che vivono il "frattempo" della vita umana attraverso le esperienze di amore, tenerezza e gioia.[42]

Per questo la comunità ecclesiale deve con nuova forza nella vita quotidiana annunciare la fede, affinché si faccia giustizia per i poveri. È il messaggio delle beatitudini che determina la dimensione terrena

[39] Cf LG 48-51.

[40] GS 39.

[41] Cf O. Cullmann, *Cristo e il tempo. La concezione del tempo e della storia nel Cristianesimo primitivo,* Edizioni Dehoniane Bologna, Bologna 2005; G. Greshake, *La vita più forte della morte. Sulla speranza cristiana,* Queriniana, Brescia 2009; N. Lohfink, *Dio ha bisogno della Chiesa? Sulla teologia del popolo di Dio,* Edizioni San Paolo, Cinisello Balsamo (MI) 1999; K. Rahner, *Il morire cristiano,* Queriniana, Brescia 2009, J. Ratzinger, *Fede e futuro,* Queriniana, Brescia 2005.

[42] Cf G. Ancona, *Escatologia cristiana,* Queriniana, Brescia 2003, 259-366.

della vita eterna nella prospettiva di quella futura. Gesù proclama beati quelle persone che per amore scelgono di condividere quello che hanno e quello che sono con chi non ha nulla e con chi è ritenuto un nulla.

Si comprende così anche l'aspetto della redenzione: Gesù sulla croce assume i nostri peccati, annullando la condanna primordiale ricevuta con il peccato di Adamo e rivelando che «Dio è più grande del nostro cuore e conosce tutto» (1 *Gv* 3, 19s).

Il Cristo non paga un riscatto per un errore commesso, ma realizza un dono del Padre per tutti gli uomini. La bontà di Dio è infinita, ma non dobbiamo ridurre questa bontà ad una leziosa sdolcinatura senza verità. Solo credendo al giusto giudizio di Dio, solo avendo fame e sete della giustizia (cfr *Mt* 5, 6) si possono aprire il cuore e la vita alla misericordia divina.

C'è un corteo di beati che camminano insieme con Gesù sulla via del Calvario. Sono invisibili agli occhi della massa, ma in realtà sono i veri protagonisti di un cammino che li vede raccolti in prima linea sulle strade che ancora oggi invocano una comunità tutta nuova.

È la *Chiesa dagli occhi trasparenti,* dove riecheggiano i dolori e le angosce insieme alle gioie e le speranze che quotidianamente ogni battezzato ripercorre.

Forse dovremmo domandarci più spesso se c'è spazio per loro e se la comunità ecclesiale percorre le tangenziali come strade alternative pur di evitare quell'impatto poco gradito alla vista. I martiri, i poveri, le vittime del terrorismo, le madri-coraggio, i volontari, gli operatori di pace, le vittime di ogni guerra, le donne e i bambini violentati, gli ammalati, i crocifissi, e tutti gli impegnati per la costruzione di un mondo migliore, sono i segnali indicatori della strada della vita eterna.

1.5. Maria nel cammino dell'evangelizzazione

Se i quattro capisaldi della nuova evangelizzazione sono imprescindibili per un nuovo spirito della vita ecclesiale, la figura di Maria diventa modello fondamentale della vita e dell'esperienza di tutti i battezzati, li sintetizza mirabilmente e nello stesso tempo ne delinea le prospettive.

Se provassimo a chiederci qual è il comune denominatore che unisce la conversione, il regno di Dio, Gesù Cristo e la vita eterna, non dovremmo avere alcuna difficoltà nell'affermare che si tratta del **servizio**. Infatti, in tutte le pagine evangeliche in cui Maria è menzionata, non appare come figura marginale o di secondo piano, quasi come una “spalla” da teatro, ma come colei che indica una strada ben precisa.

Sarebbe facile individuare in questo termine un qualcosa di populistico per finalizzare le scelte che vorremmo si realizzassero nella vita della comunità ecclesiale. In realtà Maria è colei che spinge Gesù a compiere gesti coraggiosi oltre “ogni ora” non mettendosi in evidenza, ma cercando la collaborazione e chiedendo la corresponsabilità dei credenti.

> «Una completa attualizzazione del mistero di Maria nell’esistenza dei singoli cristiani, oltre che negli stati di vita, è possibile anche alla condizione che il rapporto non vada concepito ad un livello puramente imitativo. Maria non è riferita alla Chiesa solo con il legame della tipicità ma anche con quello della presenza: Maria è presente nella vita della Chiesa, cioè nell’esistenza dei fratelli di suo Figlio (LG 62) con la sua preghiera e la sua protezione materna: perciò tutti i cristiani possono trovare in ogni circostanza appoggio, aiuto e conforto nell’inesauribile carità soccorritrice di Maria che Dio stesso volle dare per madre a tutti loro».[43]

L’episodio biblico che ci fa da guida in questa nostra riflessione è quello dello nozze di Cana. Nel caos creatosi intorno alla spinosa vicenda della mancanza di vino durante una festa nuziale in cui Gesù e sua madre sono invitati, Maria si rivolge a suo figlio perché il problema possa trovare una soluzione. Ella invita i servi a fare quanto verrà detto. La parola usata dall’evangelista è **διακόνοι**. È questa la vera novità. Senza di loro la festa avrebbe subìto un tragico epilogo.

A Cana di Galilea Gesù condivide l’esperienza di sentirsi parte integrante del suo clan famigliare. È un invitato. Il suo ruolo appare marginale e del tutto insignificante al pari di quello dei due sposi.

L’episodio increscioso della mancanza del vino sembra far precipitare la giornata di festa in una sorta di catastrofe. I commensali sembrano guardarsi esterrefatti e incapaci di uscire da una situazione poco edificante.

È fondamentale l’intervento di Maria. Lei donna di “una sola” parola, non fa altro che rivolgersi a suo Figlio per affermargli che non è con-

[43] M. G. Masciarelli, *Laici,* in *Nuovo Dizionario di Mariologia* (a cura) di S. De Fiores e S. Meo, Edizioni Paoline, Cinisello Balsamo 1986, 729.

cepibile poter far precipitare nel baratro la festa della vita di chi aveva celebrato il matrimonio. Uno sguardo e "una sola" parola. Poi … è bastata "una sola" parola da parte di Gesù perché subito le giare di pietra fossero riempite d'acqua e trasformate in vino senza rumori assordanti.

Sembra un episodio uscito da una sorta di "libro Cuore", mentre in realtà è il primo modo in cui Gesù si presenta all'umanità incredula: nel silenzio di una festa si preoccupa che nessuno possa versare lacrime di disperazione. L'episodio desume il primo intervento pasquale di Gesù in cui Maria è parte attiva della redenzione.[44] La

> «risposta di Maria mostra che Gesù non le ha opposto un rifiuto. Piena di confidenza e di speranza, con una disponibilità totale, ella dice ai servi: "Fate tutto quello che egli vi dirà". Questa formula viene dall'Antico Testamento, ma la sua risonanza varia secondo i contesti…. Ecco la formula che si trova nell'Esodo, prima e dopo l'Alleanza del Sinai: "Tutto ciò che Jahvè ha detto, noi lo faremo" (Es 19,8; 24,3.7). Le parole di Maria a Cana sono come la ripresa di questi impegno solenni, assunti da tutta l'assemblea d'Israele».[45]

Una vicenda umana che ricalca le odierne situazioni di una Chiesa che sembra precipitare nel baratro delle assenze e dell'afasia; di una Chiesa che si riempie solo, quando si celebrano i sacramenti o purtroppo in una triste occasione funebre. Cosa è successo? Cosa manca oggi alla Chiesa? Quali sono le strategie che non funzionano o non sono attuate? Perché gli oratori restano chiusi, le chiese si aprono e si chiudono ad orario, le catechesi vanno esaurendosi, i giovani si contano sulle dita di una mano e la carità è solo "a distanza"?

È l'ora della "Chiesa del precipizio"?

Questa, invece, è ***l'ora della Chiesa del cambiamento***. La comunità ecclesiale deve avere il coraggio di cambiare molto e non continuare a costruire "comunità da uffici" dove tutto si svolge per prassi e consuetudini. È necessario mutare le abitudini di essere cristiani e progettare strategie che siano in grado di incontrare gli assenti: i tanti "senza Chiesa" di oggi chiedono più incisività, più originalità, più veracità, più autenticità.

[44] Cf X. Léon-Dufour, *Lettura dell'Evangelo secondo Giovanni*. I. (capitoli 1-4), *La Parola di Dio*, Cinisello Balsamo (Milano), Paoline 1990.

[45] I. De La Potterie, *La Madre di Gesù e il mistero di Cana*, in *La Civiltà Cattolica*, 130/4 (1979), 433.

Basta un “si”, un semplice monosillabo, “una” parola, per essere pronti a trasformarsi in una Chiesa sempre pronta a non lasciarsi vivere, ma ad innestare un’attenzione in più nell’annunziare il Vangelo della disponibilità e dell’amore.

A Cana si delinea l’immagine di una Chiesa che coinvolge e diventa missionaria nello stesso tempo.[46] Ella chiede collaborazione e suscita l’attività dei presenti affinché tutti possano entrare nel movimento di Gesù che dona loro il vino che mancava.

La Chiesa che intende dare una svolta evangelizzativa non può che essere tale. Oggi, infatti, è chiamata ad operare la scelta del servizio attraverso la collaborazione e la corresponsabilità. Una scelta diaconale che non deve esprimere solamente il fare qualcosa, ma il suo essere. Non più una Chiesa dei *dictat* e delle norme da eseguire a comando, ma dell’attenzione e della compartecipazione che ponga al centro Gesù Cristo attraverso un cammino di conversione che realizzi il regno di Dio e conduca alla vita eterna.

Maria non ha usato mezze misure o mezze parole ma, di fronte alle giare vuote di vino ha chiesto “al suo bambino” di provvedere e di farlo subito.

Gesù ha ascoltato con attenzione le parole di sua madre e si è messo a disposizione. Chi provvede non può stare a calcolare se è l’occasione giusta o se è necessario o se non è un imbroglio. Quando passa accanto a noi chi tende la mano o chi ha urgenza di qualcosa d’importante non si può pensare a cosa ci sia dietro. Il bene non si fa perché qualcuno un giorno debba restituire qualcosa. Il bene si fa perché è bene. I calcoli sono chiamati a farli i ragionieri e i finanzieri che pensano di solito a se stessi prima di operare. Il bene non richiede rimandi.

Maria è donna dalle parole incisive. Se lei non avesse risposto all’angelo immediatamente, l’umanità starebbe ancora ad aspettare la salvezza. Se Gesù non avesse compiuto il miracolo di Cana immediatamente, la festa nuziale sarebbe finita male.

La comunità ecclesiale deve imparare da Maria e “dal suo bambino” ad operare subito il bene e soprattutto ad adoperarsi sempre a favore di chi vive le urgenze della vita. Questo è solo il primo passo. Come a Cana Gesù compie il suo primo miracolo, così anche tutta la comunità

[46] Cf C. M. Martini, *La gioia del Vangelo,* Piemme, Casale Monferrato (Al) 2000 (3 ed), 96-98.

ecclesiale se risponde immediatamente agli inviti di Gesù avrà fatto il primo passo per una sequela senza compromessi. Ma questo è possibile sono se non si chiuderà nella logica degli automatismi referenziali che ritengono di possedere la verità. Maria avrebbe potuto ella stessa riempire le giare di acqua, ma chiede che lo facciano i diaconi della situazione. Collaborazione e corresponsabilità sono i nuovi elementi che devono caratterizzare tutta l'esperienza della comunità cristiana del futuro attraverso non l'apologetica, ma la gratuità e l'amore.

Da ciò deriva la dimensione diaconale della comunità ecclesiale dell'oggi. I diversi compiti e ministeri all'interno della vita ecclesiale sono vissuti senza quella missionarietà del servizio e soprattutto senza far emergere la specificità di una comunità laicale che deve caratterizzare l'agire cristiano del III millennio.

I catechisti parrocchiali, per la maggior parte un ministero-servizio appannaggio di brave signore che prestano il loro compito accompagnando i ragazzi/e ai sacramenti, risulta poco efficace. Il compito del catechista non coincide più con quello di un indirizzo che accompagni i piccoli. Oggi il catechista deve, oltre ad essere preparato in campo biblico e teologico, proiettarsi nella missionarietà nei confronti delle famiglie. La pastorale catechistica deve lasciare il posto a quella catechetica, affinché anche le famiglie siano coinvolte ed inserite nell'evangelizzazione degli adulti. Esse hanno necessità di essere incontrate nei loro ambienti e coinvolte attraverso un itinerario di conversione sulla figura di Gesù Cristo per la realizzazione del regno di Dio e in prospettiva futura. Se l'azione catechistica sarà ancora limitata a questa semplice azione di sacramentalizzazione, appare chiaro che non si innesterà nei ragazzi alcun processo educativo cristiano, anche se si dovessero programmare iniziative coinvolgenti. Queste finirebbero per creare effetto temporaneo e poco proiettato verso una maturità cristiana. La catechesi dei ragazzi deve collegarsi necessariamente a quella degli adulti e non può essere oggetto di schematismi.

Un discorso non del tutto dissimile va affrontato anche per la pastorale giovanile e per quella degli adulti. La prima richiede catechisti-educatori che siano in grado di spingersi anche in ambienti e realtà non esclusivamente ecclesiali. Infatti, non saranno certamente le giornate o i *meeting* che coinvolgeranno i giovani, ma, oltre la loro formazione permanente, è necessario rilanciare la categoria dell'incontro che Gesù aveva indicato chiaramente nel suo rapporto con le persone. La seconda, la necessità di catechisti adulti che non si limitino a trasmettere i fondamenti della fede (che sono indispensabili), ma anche di coinvolgere soprattutto gli assenti nella conoscenza di Cristo fautore di amore e di impegno verso ogni tipo di ingiustizia.

La catechesi passa così ad essere centro di fede e evangelizzazione, ma anche di proposta di missione e di amore. La progettualità della Chiesa va collocata in maniera intrinseca con il problema dell'evangelizzazione e della catechesi. Queste due realtà richiamano vicendevolmente la missione della Chiesa. L'evangelizzazione esprime anzitutto il compito globale dell'annuncio della Parola ed è costituita da

> «un processo complesso e dagli elementi vari: rinnovamento dell'umanità, testimonianza, annuncio esplicito, adesione del cuore, ingresso nella comunità, accoglimento dei segni, iniziative di apostolato».[47]

Essa si attua in un itinerario di crescita e di vita cristiana che, dal primo annuncio, giunge fino alla celebrazione dei sacramenti della fede e alla testimonianza di carità, che da essi deriva. La catechesi è dunque momento tipico e privilegiato della evangelizzazione, in quanto ne sviluppa i tratti portanti, le finalità, i contenuti, il linguaggio e la pedagogia. Un intrinseco legame poi unisce oggi particolarmente la catechesi al primo annuncio (κέριγμα), di cui è esplicitazione organica e sistematica. Oggi ci si trova infatti sempre più di fronte a situazioni di scristianizzazione, che reclamano un rinnovato impegno di annuncio cristiano, il risveglio di una fede sopita, quasi un costante appello alla prima conversione.[48]

Questo compito di una catechesi che deve mantenere tutto il fascino del primo annuncio, con cui l'uomo si incontra con Cristo e che ne alimenta la consapevolezza, si inscrive all'interno del progetto ecclesiale sopra delineato. Ciò significa, anzitutto, che esso va attuato nel rispetto della circolarità e reciproca integrazione tra Parola, sacramento e testimonianza, e nell'attenzione all'uomo a cui si rivolge.[49]

L'esempio più confacente per cogliere questa dimensione della ministerialità derivante dall'annuncio e dalla missione è riscontrabile

[47] Paolo VI, *Esortazione apostolica, Evangelii Nuntiandi*, Libreria Editrice Vaticana, Città del Vaticano 1975, 21.

[48] Giovanni Paolo II, *Esortazione apostolica*, *Catechesi Tradente*, Libreria Editrice Vaticana, Città del Vaticano 1979, 19.

[49] Giovanni Paolo II, *Esortazione* ..., cit., 19.

nell'episodio evangelico di Gerico tra Gesù e Zaccheo. Gesù chiede all'uomo dalla bassa statura di poter colloquiare nella sua casa: è l'esempio concreto dell'azione missionaria della comunità ecclesiale. È Gesù che chiede di entrare nella sua vita, affrontando direttamente la situazione. Infatti è possibile mettersi nella logica della conversione, rinunziando a quella del profitto e della *religione salvagente*.

Gesù per questo viene criticato dai suoi, ma non disdegna di accomodarsi alla tavola di un truffatore e ribadisce, come già fatto in altre circostanze, che la salvezza non è una questione di norme e regole ristrette da espletare, ma di esperienze da trasmettere per coinvolgere tutti nella salvezza.

Infatti, la *Chiesa delle norme ristrette* non crea un rapporto con il mondo, soprattutto con i lontani, ma erige barriere e muri che difficilmente possono permettere di far emergere il senso della fraternità e dell'amore del Signore. È fondamentale che l'evangelizzazione oggi riscopra il senso dell'accoglienza, dell'ascolto e della fraternità per far riemergere il volto attento del Gesù-amore.

La Chiesa delle ristrettezze deve lasciare il posto alla comunità delle accoglienze e delle iniziative nuove da rilanciare. Di fronte ai poveri invisibili, alle donne stuprate e abbandonate, ai ragazzi che evadono la scuola o a quelli che finiscono nella rete della criminalità, è il tempo che emerga una comunità che non proponga solo liturgie preconfezionate o messaggi moralistici, ma fiumi di gesti d'amore e esperienze di vita coinvolgenti, in cui tutti possano sentirsi coinvolti e possano diventare coinvolgenti.

Lo stesso dicasi anche per quanto riguarda il servizio liturgico e quello della carità. Possono questi due altri pilastri della pastorale organica essere vissuti nella dimensione del servizio, senza trascurare quell'evangelizzazione che deve passare per la catechesi?[50]

Indubbiamente sia l'animazione liturgica, sia quella caritativa devono proiettarsi verso questo, poiché i gesti e i riti celebrati devono condurre a concretizzare i segni del servizio nella storia. La dicotomia tra liturgia e carità non deve intendersi come forma di un coinvolgimento di alcuni senza che altri siano al corrente della progettualità attuabile. Proprio l'episodio di Cana, sebbene non strettamente liturgico, ma in-

[50] Cf Y. Congar, *Sur la trilogie: prophète-roi-prêtre*, in *Rev. Sc. ph. th.*, 67 (1983) 97-115.

travedibile nella dimensione della festa prolungata dopo la celebrazione del matrimonio mette in evidenza che i deficit devono necessariamente essere superati solo intervenendo in prima persona e compromettendosi affinchè il tutto possa risolversi. La diaconia non è qualcosa legata alla carità in senso stretto, ma è un'espressione comunitaria di una celebrazione vissuta e che sia in grado di coinvolgere ragazzi, giovani e adulti nella medesima progettualità pastorale.

La piena valorizzazione di un laicato maturo nella missione della Chiesa e nella società è stata una della acquisizioni fondamentali del Concilio Vaticano II. La ragione dottrinale principale sta nel fatto che

> «è proprio dei laici cercare il regno di Dio trattando le cose temporali e ordinando secondo Dio»[51].

Solo se inseriti in un itinerario comunitario possono instaurare il dialogo con tutti sui grandi problemi del tempo, illuminarli con la luce che viene dal Vangelo, trasformare il mondo, di cui la Chiesa condivide la storia, le gioie, le speranze e le angosce.

I fedeli laici non ricevono questa missione per delega della gerarchia, ma

> «inseriti nel corpo mistico di Cristo per mezzo del battesimo, fortificati dalla virtù dello Spirito santo per mezzo della confermazione, sono deputati dal Signore stesso all'apostolato».[52]

Il servizio non è espressione di una delega clericale, ma deve esprimersi come frutto di un itinerario vivo in cui ciascuno deve rendersi presente amando completamente l'altro e non come espressione di manifestazione individuale. È la comunità tutta che esprime la sua carità quando, più che andare incontro alle emergenze, si fa carico di ciascuno perché nessuno sia escluso dall'amore di Gesù. Il servizio non è per la carità, ma ogni gesto deve coinvolgere tutti per essere gesto di carità.

> «Il servizio è un concetto teologico non semplicemente pratico. Non riguarda un modo umile, magari sofferto di esercitare il potere, ma di

[51] GS 31.

[52] Apostolicam Auctositatem, *Decreto sull'apostolato dei laici, Enchiridion Vaticanum*, I, Edizioni Dehoniane Bologna, Bologna 1993, 946-1019, 3. D'ora in poi citeremo AA.

concepirlo. Il servo non è il responsabile della casa, non ha nessun potere, tanto meno quello di sostituirsi al padrone, prendendo decisioni al suo posto, avocando a sé la responsabilità degli altri. Egli è solo un inserviente, con le sue prestazioni collabora al buon andamento della casa. … Gesù in quanto *figlio dell'uomo,* cioè messia glorioso e potente, poteva pretendere dai suoi contemporanei un trattamento da signore, poteva farsi servire da un esercito di subalterni. Ma invece di far valere i suoi diritti sovrani, vi ha abdicato a favore delle moltitudini facendosi (loro) servo e spendendo la vita per il loro *riscatto,* ossia per la loro liberazione da assoggettamenti e schiavitù di qualsiasi genere».[53]

I laici, in virtù del battesimo, che li consacra re nella storia, sono chiamati a concretizzare questo senso del servizio del maestro, attraverso un lavoro comunitario che deve vederli protagonisti nel liberare tutti dalle condizioni di schiavitù.[54]

Tutto questo concetto è ripreso anche nell'inno della lettera ai Filippesi (2, 8-9). Paolo indica Gesù non come un modello da seguire, ma come dono concreto ricevuto e da offrire. Dio ha esaltato Gesù perché Lui è diventato, morendo in croce, un dono per tutti.

La testimonianza della novità richiesta ai laici non è nell'impegno frenetico svolto con azioni di servizio, oppure in espressioni sociali o politiche. Ai laici oggi è richiesta un'opzione d'incisività negli ambienti e di sollecitazione anche all'interno della vita ecclesiale.

Il fine sta nel costruire "il cielo e la terra nuova", non nella logica dell'evasione e del distacco dalla realtà. La scelta di Gesù resta quella di stare nelle vicende umane e di santificare il mondo con le stesse realtà. Non si può costruire una società migliore solo con proclami e gesti

[53] O. da Spinetoli, *Matteo,* Cittadella Editrice, Assisi 1998, 556.

[54] «Gesù non si fa servo dei suoi fratelli, servo del suo popolo, ma si pone nella condizione del servo straniero: ancora più servo, perché noi sappiamo bene che la legge tutelava il servo del popolo, ne prevedeva il riscatto, mentre al servo straniero non era dato nessun attenuamento della sua condizione di servitù. Lui si alza dalla cena che ha presieduto e si fa servo e servo straniero. … Non possiamo entrare in comunione con lui e diventare consanguinei suoi solo a patto di accogliere l'esempio. … Quando, nel nome di Gesù il Signore, io mi piego a questo servizio di schiavo nei confronti di mio fratello, allora vuol dire veramente che la mia fede in Gesù Figlio di Dio è quella che io professo con le parole» (G. Dossetti, *Omelie e istruzioni pasquali 1968-1974*, Edizioni San Paolo, Milano 2005, 236).

estremi, ma è necessario che i diversi doni siano valorizzati e vivificati. Bisogna che la comunità con i battezzati rivaluti in modo nuovo la sua presenza nel mondo del lavoro, valorizzando soprattutto i beni immobili che a volte sono inutilizzati da parte delle comunità cristiane e soprattutto utilizzandoli in funzione di un'evangelizzazione verso i lontani.

Urge una formazione ampia e disinteressata del laicato: non in vista di un incarico pastorale ma nella capacità di testimoniare la fede cristiana negli ambiti di vita, deve spingere a non educare solo alla ministerialità del servizio all'altare, ma dall'altare.

Anche in questo caso la figura di Maria appare ampiamente applicabile per la dimensione missionaria ed ecclesiologica nello stesso tempo. La giovane fanciulla Maria nel suo camminare missionario verso sua cugina Elisabetta mostra la disponibilità all'accoglienza, che è il presupposto di un futuro realizzabile a breve. È il segno concreto di quanto oggi la comunità ecclesiale è chiamata a realizzare. È il passaggio dalla "Chiesa della sterilità alla comunità della fecondità", eliminando la sterilità e la paura di annunziare che il Cristo, oggi cerca cristiani inseriti nella comunità ecclesiale e mai distaccati dalla vita pubblica che realizzino gesti coraggiosi fuori della logica dell'interesse e dell'economia. La crisi ecologica e morale che l'attuale società vive unitamente al massacro denunziato dai paesi più poveri del mondo, fanno da contraltare ai bisogni economico-finanziari delle superpotenze che continuano a perpetuare, ma richiede un inserimento attivo del laicato nella vita pubblica.

Maria di Nazareth è donna che insegna alle comunità ecclesiali che la prudenza non è il non fare o l'attendere "la discesa dello Spirito Santo", ma esattamente il contrario: dare spazio allo Spirito Santo come lei ha fatto dando spazio a Gesù nel suo grembo. Ora tocca a noi essere comunità delle decisioni, e non dei ritardi che non assumono mai responsabilità nell'evangelizzazione, portando l'attenzione agli ammalati, alle persone sole e abbandonate e ai deboli.

La comunità ecclesiale è quindi chiamata a mostrare tutto ciò in un **incontro** costante tra l'uomo e Dio. Tale realtà è progressiva tanto che l'io diventa noi e il noi diventa comunione di vita.

> «La Chiesa, infatti, non presuppone mai la fede come un fatto scontato, ma sa che questo dono di Dio deve essere nutrito e rafforzato, perché continui a guidare il suo cammino. Il Concilio Vaticano II ha fatto brillare la fede all'interno dell'esperienza umana, percorrendo così le

vie dell'uomo contemporaneo. In questo modo è apparso come la fede arricchisce l'esistenza umana in tutte le sue dimensioni».[55]

La manifestazione di questa proposta non può avvenire in un clima di tensione, ma esclusivamente di **gioia** per sopperire alla crisi dell'uomo individualista dei nostri giorni.

«Quando la vita interiore si chiude nei propri interessi non vi è più spazio per gli altri, non entrano più i poveri, non si ascolta più la voce di Dio, non si gode più della dolce gioia del suo amore, non palpita l'entusiasmo di fare il bene».[56]

È proprio Papa Francesco che propone come modello quello di Maria, donna della gioia e dell'evangelizzazione che si mette in cammino per recarsi verso la periferia che è il banco di prova per una sintesi che vede impegnati laici e sacerdoti, in altri termini tutta la comunità ecclesiale, tra evangelizzazione ed esperienza gioiosa per la comunicazione del Vangelo.

Se c'è un'esperienza, infatti, che Dio non ha mai disdegnato di attuare è stata quella di scovare la sua gente negli angoli più lontani della periferia. Il popolo ebraico è stato sempre un popolo di periferia. La sua esperienza ha oscillato tra l'essere nomade e schiavo.

Proprio dalla periferia Jahvè ha voluto ricominciare una storia di salvezza ed ha scovato in una piccola casa di Nazareth una giovane ragazza senza titoli e senza onorificenze. Nessuno, però, avrebbe mai immaginato che fosse spavalda e coraggiosa, pronta a replicare all'assurda proposta del messaggero e a offrire la sua disponibilità pur di non mancare di dare il suo apporto alla causa del Regno.

Maria di Nazareth è immagine concreta della Chiesa della periferia perché ne caratterizza i tratti cui fare riferimento dinanzi alle proposte che apparentemente possono sembrare assurde: la spavalderia e il coraggio.

Maria è la **Chiesa spavalda** che non si arrende dinanzi alla logica di quella globalizzazione che vuole uomini e donne tutti indifferenziati e perfetti; è spavalda mentre spinge la carrozzina dei malati di SLA o di

[55] FRANCESCO, *Lettera enciclica, Lumen Fidei,* Libreria Editrice Vaticana, Città del Vaticano 2013, 6.

[56] FRANCESCO, *Esortazione Apostolica, Evangelii Gaudium,* Libreria Editrice Vaticana, Città del Vaticano 2013, 2.

sclerosi multipla sotto gli occhi di gente incuriosita e dal volto rigirato; è spavalda quando propone un'evangelizzazione fuori dai canoni di una religiosità integralista e intimistica; è spavalda quando non accetta di tacere di fronte a chi, pur di riempirsi le tasche, mette a rischio l'integralità fisica delle persone; è spavalda quando denunzia gli scempi ecologici e il degrado ambientale.

Maria è la **Chiesa della periferia** quando affronta con coraggio le sfide dei giovani che si trascinano tra i vizi e le rilassatezze della vita; quando affronta i potentati economici che creano sacche di povertà nei paesi più industrializzati spostando capitali e posti di lavoro in paesi in cui si può pagare la manodopera a basso prezzo; quando cammina insieme ai bambini che hanno come casa la strada di una *favelas* o di un *rancitos*.

Maria è la Chiesa della nuova evangelizzazione perché donna di periferia impegnata a dare spazio alla storia della salvezza. Convertita, gravida, portatrice di pace e giustizia, Maria non conosce i confini delle divisioni, ma intende coinvolgere tutti.

La **Chiesa delle periferie** non chiude i battenti e sbranca le porte. È pronta a correre come una mamma sul punto di partorire per dare alla luce il dono dell'amore. Maria è l'icona perfetta di questa Chiesa perché immacolata e serva di tutti.

Essendo Maria esempio eclatante di sintesi dobbiamo essere convinti che

> «ogni volta che cerchiamo di tornare alla fonte e recuperare la freschezza originale del Vangelo spuntano nuove strade, metodi creativi, altre forme di espressione, segni più eloquenti, parole cariche di rinnovato significato per il mondo attuale. In realtà, ogni autentica azione evangelizzatrice è sempre "nuova"».[57]

[57] FRANCESCO, *Evangelii ...,* cit., 11.

Capitolo Secondo

LA CHIESA E LA LAICITÀ DI MARIA

Se provassimo a chiederci cosa rende un uomo un cristiano non potremmo che fare riferimento a Cristo che unisce nella sua persona sia la natura divina che quella umana. Con il battesimo conferito agli uomini che lo chiedono, essi, inserendosi nella comunità ecclesiale, ricevono la dignità cristica e si proiettano verso quella ultraterrena. Infatti

> «l'elemento discriminante del cristianesimo rispetto alle antiche religioni universali e ai moderni umanismi, … è costituito letteralmente secondo Paolo da *Gesù Cristo e questi crocifisso* (1 Cor 14,34). Egli è il contenuto del Vangelo, nel suo nome il credente viene battezzato, e nella Cena questi fa memoria della sua passione, morte e vita nuova. … L'evangelista Giovanni vede l'elemento discriminante del cristianesimo come Paolo quando definisce Gesù come la Via, la Verità e la Vita e lo rappresenta con le seguenti immagini: egli è il pane della vita, la luce del mondo, la porta, la vera vite, il buon pastore che dà la vita per le pecore. … Che cosa fa dunque di un uomo un cristiano? Non semplicemente il fatto che sia umano, sociale o religioso, ma il fatto che cerchi di vivere la sua umanità, la sua socialità e la sua religiosità secondo il criterio e lo spirito di questo Cristo».[1]

Maria è la sintesi mirabile di tutto questo poiché nella sua persona unisce la dimensione umana, sociale e religiosa. Ella è la laica per eccellenza non solo in virtù della sua preservazione dalla macchia del peccato originale, ma dal suo essersi inserita a pieno titolo nella storia della salvezza continuando ad essere corredentrice e collaboratrice corresponsabile di tutte le vicende ecclesiali di ogni tempo. La dimensione umana, sociale e religiosa Maria l'ha vissuta nell'attenzione ai problemi vitali che ha dovuto affrontare per il Cristo suo figlio e non

[1] H. Kung, *Cristianesimo. Essenza e storia*, (6 edizione), Rizzoli Milano 2010, 55-56.

ha mai dimenticato di celebrare nel suo Magnificat le dimensioni che la proiettavano verso la realtà ultraterrena. La dimensione laicale di Maria, sebbene non passi per il battesimo, ne delinea la strada per coloro i quali vi aderiranno. Aderire al battesimo non vuol dire solo accettare il Cristo e accoglierlo nella propria vita, ma, attraverso la Chiesa, renderlo vivificante nell'umanità, nella socialità e nella religiosità. Quest'ultimo aspetto non solo non la dequalifica, ma soprattutto non la rende limitata alla sfera di un qualcosa che appare irraggiungibile. Maria è donna, madre e santa perché sintetizza quell'*ex opere operantis* dei sacramenti. Infatti, come i sacramenti ricevuti hanno necessità di essere vissuti nella fede di un cammino ecclesiale, così Maria indica la strada da percorrere per raggiungerli in tutta la sua laicità cristica.

C'è sempre una scelta da operare nella vita, e quella fatta da Maria ci mostra come anche la comunità ecclesiale è chiamata ad essere realizzata nell'oggi della Chiesa. La *Chiesa della sufficienza* con i suoi riti perfetti e le sue impeccabili leggi morali necessariamente è chiamata ad aprirsi alla *comunità della magnificenza* non solo per cantare lo stesso cantico di lode di Maria, ma per camminare con gioia verso tutti, senza tralasciare alcuno lungo la strada.

Infatti, Maria andò in fretta verso la casa di sua cugina Elisabetta. Il suo passo è quello della persona che non resta in attesa di un ulteriore invito e si affretta ad andare incontro a chi necessita d'aiuto. Non è l'incoscienza di un'adolescente, ma rivela la forza di chi crede che ogni giorno è possibile costruire un domani migliore nel nome di Cristo. Infatti, è in fretta che bisogna raggiungere chi vive il suo allontanamento dal Signore e soprattutto non cercare di chiuderlo sotto chiave o in camera di sicurezza pronto ad utilizzarlo solamente nel momento del bisogno.

La fretta di Maria chiede anche a noi di essere solleciti nell'educare all'amore, nel promuovere l'obiezione alle spese abortive e nell'attenzione alla vita post-parto. Ci chiede di rendere a ciascuno la dignità che gli è data dall'essere persona. Non si può tacere davanti alle stragi compiute contro l'umanità o dei tanti conflitti dimenticati; agli scandali contro le povertà; al dramma giovanile e privatistiche del lavoro; alle speculazioni economiche e alle tante preghiere che relegano la comunità ecclesiale nel soggettivismo della fede.

Il Magnificat di Maria è in *sì maggiore* in quanto il pentagramma della Vergine non prevede toni dismessi, ma note intonate al Vangelo. Lei, è l'immagine più bella della *Chiesa della nuova evangelizzazione* senza dimenticare la sua laicità perché si pone fuori dalle logiche di supremazia dei potenti e da quelle illecite delle mafie. È la donna vestita di sole che scala le montagne e costruisce la città dell'amore.

Cercare, progettare ed investire sono i capisaldi di chi intende camminare verso il futuro. Da ciò deriva il credere, l'amare e il realizzare come Maria lo stesso suo cammino per raggiungere ecclesialmente, cioè da cristiani-laici, la città del cielo.

2.1 La laicità nella vita ecclesiale

Si legge nella *Lumen Gentium* che:

> «mentre la Chiesa ha già raggiunto nella beatissima Vergine quella perfezione, che la rende senza macchia e senza ruga (cfr. Ef 5,27), i fedeli del Cristo si sforzano ancora di crescere nella santità per la vittoria sul peccato; e per questo innalzano gli occhi a Maria, la quale rifulge come modello di virtù davanti a tutta la comunità degli eletti. La Chiesa, raccogliendosi con pietà nel pensiero di Maria, che contempla alla luce del Verbo fatto uomo, con venerazione penetra più profondamente nel supremo mistero dell'incarnazione e si va ognor più conformando col suo sposo. Maria infatti, la quale, per la sua intima partecipazione alla storia della salvezza, riunisce per cosi dire e riverbera le esigenze supreme della fede, quando è fatta oggetto della predicazione e della venerazione chiama i credenti al Figlio suo, al suo sacrificio e all'amore del Padre. A sua volta la Chiesa, mentre ricerca la gloria di Cristo, diventa più simile al suo grande modello, progredendo continuamente nella fede, speranza e carità e in ogni cosa cercando e compiendo la divina volontà. Onde anche nella sua opera apostolica la Chiesa giustamente guarda a colei che generò il Cristo, concepito appunto dallo Spirito Santo e nato dalla Vergine per nascere e crescere anche nel cuore dei fedeli per mezzo della Chiesa. La Vergine infatti nella sua vita fu modello di quell'amore materno da cui devono essere animati tutti quelli che nella missione apostolica della Chiesa cooperano alla rigenerazione degli uomini».[2]

L'affermazione paolina contenuta nella lettera agli Efesini e ripresa dai padri conciliari ci permette di cogliere come l'intimo rapporto tra

[2] LG 65.

Cristo e la Chiesa che la rende santa e immacolata non può che passare per una comunità che ripropone un'evangelizzazione incentrata sul battesimo di cui Maria è interprete a pieno titolo. Infatti, la dimensione battesimale non fa altro che rimandare alla laicità di cui è costellata l'esperienza di Maria, che può ritenersi donna e esempio della laicità della comunità ecclesiale. In altri termini il rilancio di un laicato che sia maturo e coinvolgente ci permette di cogliere che «come Cristo ha amato la Chiesa e ha dato se stesso per lei, per renderla santa, purificandola per mezzo del lavacro dell'acqua accompagnato dalla parola, al fine di farsi comparire davanti la sua Chiesa tutta gloriosa, senza macchia né ruga o alcunchè di simile, ma santa e immacolata» (Ef 5, 25-27)*;* così l'esperienza nella laicità della Chiesa riletta sulla falsariga della storia di Maria può determinare il senso di una proposta pastorale di grande attualità.

La lettera agli Efesini, inoltre, ci permette di capire come la situazione vissuta da Paolo è simile alla nostra. L'importanza di proporre l'esperienza ecclesiale non deriva dal dover dare un indirizzo, ma da un rivalutare la dignità personale e il vivere secondo gli insegnamenti di Cristo. Tutto ciò per Paolo può avvenire solo se la laicità dei battezzati è vissuta con l'innesto dei singoli proprio nell'esperienza comunitaria.

La ***Lettera agli Efesini*** si ritiene scritta da Paolo durante la sua prigionia a Roma intorno all'anno 62. Alcuni studiosi, invece, ritengono che sia stata composta da un altro autore[3], basandosi sulla *Lettera ai Colossesi*, e la sua datazione oscillerebbe tra l'80 e il 100.[4]

Le peculiarità teologiche della lettera agli *Efesini* sono rilevanti, ma sembrano appartenere ad un pensatore che si sia basato su Paolo, piuttosto che a Paolo stesso; lo stesso tenore della lettera, che è in effetti un trattato integrato con riferimenti a persone presenti nella *Lettera ai Colossesi*, sembra più adatto ad un pensatore successivo. È stato quindi ipotizzato che l'attuale testo sia una versione rivista e ampliata di una lettera, ora perduta, scritta da Paolo ai Laodicesi: Marcione, nel suo canone, cita infatti una lettera paolina con questo nome.[5]

[3] Cfr. J. D. G. Dunn, *Ephesians*, *The Oxford Bible Commentary - The Pauline Epistles*, 2010.

[4] D. E. Bart, *The New Testament: A Historical Introduction to the Early Christian Writings*, New York, Oxford, 2004, 381-384.

[5] J. Muddiman, *Epistle to the Ephesians*, British Library, London-New York 2001.

Per conciliare queste peculiarità con altri tratti decisamente paolini presenti nella lettera, ci si accorda sull'attribuzione della scrittura del testo, al lavoro di un segretario di Paolo, cui l'apostolo ha fornito le linee guida, secondo una prassi documentata nell'antichità e in altri scritti paolini.

L'autore si rivolge direttamente alle comunità, facendo riferimento a persone e situazioni ben precise e li stimola a ricercare la speranza, la gloria, la potenza, e a concentrarsi su Cristo capo della Chiesa. Di qui deriva la missione della Chiesa che è il corpo di Cristo. La stessa è invitata a conservare l'unità dello Spirito (4, 1-16); a regolarizzare la condotta personale del cristiano (4,17; 5,21); a vivere incentrando tutto sulla famiglia e sul lavoro (5, 22; 6, 9) e a non mollare contro le potenze di tenebre (6,10-24).

Questa situazione riecheggia la crisi storica del tempo di Paolo. Sono gli anni di Nerone prima e degli altri imperatori che tentarono di eliminare definitivamente quanto gli apostoli stavano svolgendo. Sono gli anni in cui parallelamente a Gerusalemme vi è in atto la repressione da parte dei romani che portò alla distruzione del Tempio.

Colossi, che forse Paolo non aveva mai visitato, era presumibilmente un centro mercantile, ma non di grande importanza. Paolo insiste nella sua missiva che la comunità solo attraverso l'unione della santità potrà portare altri al riconoscimento di Cristo. Perché Paolo insiste su questo?

La risposta è chiaramente determinata da una crisi di fede che a Colossi si viveva. Si trattava di una crisi che oscillava tra il cercare qualcosa e il vagare nel nulla, unita ad una immoralità su cui l'apostolo sembra insistere per indirizzare verso nuove strade. Si pensi al problema della famiglia e all'impegno nel mondo.

È certo che detta crisi appare vicina alla nostra situazione perché proprio a partire dalla laicità maturata all'interno della comunità è possibile rivalutare il senso della dimensione battesimale.

Infatti la crisi di fede dell'uomo contemporaneo è anche crisi di vita. Egli stenta a credere sia in qualcosa, sia in Qualcuno. Si è così tecnicizzato e telematizzato che non riesce ad andare oltre lo schermo di quanto gli è dato vedere. È un uomo spento e senza ricerca; un uomo che non si cimenta nella ricerca del senso di vita, perché stanco di sé e di vivere nuove esperienze.

È un uomo che evade, che non risponde e che finisce per rifugiarsi in se stesso. L'aumento delle forme di violenza sono il risultato di tutto questo; violenze che spesso sono incredibili e inattese sono quelle procurate a bambini e donne, senza sottovalutare quelle delle criminalità.[6]

La fede spesso risulta un retaggio dell'infanzia e dell'adolescenza. Le comunità ecclesiali spendono tanto in questi settori e sul piano educativo, ma successivamente non sanno proporre il come continuare. La fede resta infantile e la crisi dell'uomo si dilata sempre di più.

La Chiesa soffre così una fase di desacralizzazione e di scristianizzazione.

Desacralizzazione è intesa come perdita del senso della sacralità e soprattutto della santità. Il cristiano deve riconoscere oggi che attorno a lui tutto cambia rapidamente. Tutto ciò è dovuto al processo di secolarizzazione prima e globalizzazione dopo che ha provocato una situazione di anomia, cioè di valori che prima vigevano ora non reggono più.

In questa società sono sorti due tipi di uomo: un uomo nichilista ed un uomo materialista.

Il primo non crede più nelle ideologie. Ha fiducia solo nel lavoro, nella tecnica. È un uomo senza religione, dato che ha trovato nella scienza le sicurezze, ed è un uomo calcolatore, freddo, pragmatico, cui interessano le cose solo in quanto efficaci. Nell'ambito politico quest'uomo cerca solo soluzioni ai problemi contingenti, senza fondare il suo agire sul bene comune. Infatti, non è disposto ad ascoltare più sermoni, né teorie, né teologie, né argomenti religiosi. Si allontana da tutto, compreso le associazioni ecclesiali e finisce per starsene solo nel suo mondo.

Il secondo, quello materialista, è un uomo che crede che la società si possa cambiare attraverso nuove strutture e che lotta per ottenere ciò in cui crede. Così diventa più vulnerabile del precedente, ma resta un senza dio e senza Chiesa, ritenendo che solo cambiando le strutture, anche ecclesiali sia possibile realizzare un uomo migliore e un cristiano più consono al Vangelo.

Il cristiano non può restare indifferente di fronte a ciò che sta succedendo. Che cosa deve fare? Nel suo impulso missionario deve cercare in qualche modo nuove soluzioni per portare Gesù Cristo all'uomo pragmatico-realista, agnostico, secolarizzato, globalizzato, materialista e economicizzato.

[6] Cfr Rapporto UNICEF "La condizione dell'infanzia nel mondo 2012" in www.unicef.it; Report 2011 in *www.associazionemeter.org*; Mai più violenze sulle donne, in *www.amnesty.it.*

L'ipotesi di Teilhard de Chardin appare ancora oggi illuminata per una presa d'atto del problema e una direzione nuova da dover prendere.

In un'epoca materialista e positivista dove la scienza, ma soprattutto la tecnica celebra il suo trionfo, Teilhard de Chardin rigettò sia il materialismo sia il positivismo, ma fece sua la visione evoluzionista, estendendola al mondo delle realtà cosiddette spirituali.

In questo contesto, il concetto di natura va inteso nel senso che:

- il cosmo sorto con l'esplosione della singolarità gravitazionale nel big-bang si dirige in maniera naturale a divenire vita;
- la vita a sua volta con la stessa identica naturalità esprime il suo movimento verso l'umanizzazione e la comparsa dell'uomo;
- l'uomo sempre naturalmente tende al raggiungimento di uno stadio ultra-umano, dove lo spirito sempre in maniera naturale e per nulla soprannaturale tende a liberarsi lentamente, ma definitivamente della sua base di origine materiale.

Nell'esporre la concezione della funzione evolutiva dell'amore, afferma che ciò che noi chiamiamo amore esiste addirittura a livello delle semplici molecole e che è proprio quello stesso amore che si manifesta a livello umanizzato nelle nostre vite.

Il ragionamento è: se l'amore non fosse presente già nelle forme più semplici o meno evolute dell'universo, non potrebbe manifestarsi come forza universale nemmeno ai suoi livelli più alti e più complessi.

Infatti, interpreta l'amore come vera e propria forza gravitazionale con funzione centripeta, capace cioè di attrarre o di curvare lo spazio-tempo in quella direzione dell'universo ch'egli chiamerà "punto omega", il centro dei centri, e che non è una astrazione ma una persona: il Cristo che chiama tutto e tutti a sé.[7]

Oltre ad un processo di desacralizzazione, si avverte anche quello di scristianizzazione e di perdita del senso cristiano.

Chiamiamo **scristianizzazione** un vero e proprio rapporto dicotomico tra fede e vita. È la gente che va a messa la domenica e che anche si comunica, ma tutto ciò non ha alcuna influenza sulla sua vita. Continuano ad essere i borghesi di sempre. Sono persone che perseguono ideali come l'onestà nel lavoro, la sicurezza per la propria famiglia, l'educazione per i propri figli senza complicarsi troppo la vita.

[7] Cf P. Teilhard de Chardin, *L'uomo, l'universo e Cristo,* Jaca Book, Milano 2012.

Nella parrocchia ci sono molte messe, molte comunioni, ma il cristianesimo è spesso assente. Questa è la religiosità naturale, ma che non cerca realmente il soprannaturale.

Tutto ciò non può essere letto come un'esperienza negativa. Al contrario sia la scristianizzazione che la desacralizzazione sono la base essenziale per mostrare il senso della laicità della Chiesa. La Chiesa non è nata come una comunità clericale, ma è essenzialmente una comunità laicale in cui tutti possono vivere la propria ministerialità per l'edificazione dell'unica Chiesa. Essere laici vuol dire rispecchiare nel mondo quanto il Cristo ha rivelato per determinare il senso della disponibilità.

La laicità non è quindi un servizio, ma un'essenza che spinge a legarsi nella storia a favore dell'umanità. È fondamentale che tutto ciò avvenga all'interno di un'esperienza di fede concreta e reale di tutta la comunità ecclesiale dove, il battesimo diventa la caratteristica fondamentale per vivere la sequela di Cristo.

2. 2 La comunità ecclesiale chiamata ad allargare i suoi orizzonti

Partendo dalla dimensione comunitaria, che, come abbiamo visto ha radici bibliche proprio nella lettera agli Efesini, appare con chiarezza che oggi si sente l'esigenza di progettare una nuova proposta pastorale. Non si tratta di inventarsi una comunità nuova, ma piuttosto di rifondare comunitariamente il cammino ecclesiale secondo quanto proprio il Concilio Vaticano II ha indicato dando ai laici una dimensione diversa.

Il vero problema è proprio quello di delineare il compito specifico di questi, inseriti nella dimensione della comunità ecclesiale. Il tutto deve basarsi sulle radici dell'agire pastorale puntualizzando un iter teologico che permetta di vedere come è possibile giungere ad essere una comunità ecclesiale in grado di allargare i propri orizzonti non solo superando il binomio gerarchia/laicato, ma proiettandosi prima in quello di comunità/ministeri per ridefinirsi come una **comunità di fede della nuova evangelizzazione**.

Il binomio **gerarchia/laicato** se da un lato appare ampiamente superato con l'acquisizione di una concezione non più in contrapposizione, ma di un rapporto collaborativo e di corresponsabilità tra laici e presbiteri, dall'altro lascia trasparire che si cela sempre la tentazione di separare i ruoli tanto da far emergere la supremazia degli uni sugli altri.

Il problema non sta nella delineazione dei ruoli diversi tra sacerdoti e laici per delimitarne i rispettivi campi di azione, ma di individuare come la ministerialità degli uni deve intersecarsi con quella degli altri. Infatti non si tratta di clericalizzare i laici o di laicizzare i presbiteri, ma piuttosto di superare questo binomio con la progettazione di itinerari di fede in cui ognuno si senta parte fondamentale di un'evangelizzazione da dover essere attuata.

> «La Chiesa appare, da molti punti di vista, più come *istituzione* che come *comunione*, più ricca di strutture istituzionali che di autentiche esperienze di *comunità.* Si spiegano così molti vicoli ciechi della pastorale sacramentale e catechistica, molte crisi di appartenenza ecclesiale, non pochi casi di contestazione e di abbandono della vita cristiana, sacerdotale, religiosa. Il relativo successo di tante *sette* e movimenti *esoterici* ha anche alla sua base la ricerca di una fraternità non sperimentata nella comunità ecclesiale. L'istituzionalizzazione eccessiva, il predominio delle strutture giuridiche, il prevalere dei criteri di efficienza e di conservazione, oscurano con frequenza il volto umano e liberante della comunione di fede, soffocano l'esplicitarsi della vita comunitaria e impediscono alla Chiesa di essere credibile»[8].

In alcuni casi anche l'esperienza dei movimenti religiosi finiscono per schematizzare e rendere purtroppo ancora attuale questo binomio. Infatti, l'atteggiamento ecclesiale di molti dei movimenti, ponendo di fatto in secondo piano il ministero della comunione e del discernimento dei vescovi e delle Chiese locali, non solo è lontano dall'ecclesiologia del Vaticano II, ma sembra voler tornare a quel rapporto diretto tra pontefice e movimento cattolico che si era creato nel preconcilio tanto da rendere palesi quei caratteri di fondo ancora legati alla dottrina ecclesiologica dell'intransigentismo ottocentesco.

L'attuale organizzazione ecclesiale e parrocchiale in specifico, che vede spesso piccole e numerose parrocchie disseminate sul territorio, esige un profondo ripensamento. Occorre però evitare un'operazione di pura *ingegneria ecclesiastica*, che rischierebbe di far passare sopra la vita della gente decisioni che non risolverebbero il problema né favorirebbero lo spirito di comunione. È necessario peraltro che gli interventi di revisione non riguardino solo le piccole parrocchie, ma coinvolgano

[8] E. Alberich, *La catechesi oggi,* Elledici, Torino-Leumann 2001, 226.

anche quelle più grandi, tutt'altro che esenti dal rischio del ripiegamento su se stesse. Tutte devono acquisire la consapevolezza che è finito il tempo della parrocchia autosufficiente.[9]

Posta questa premessa, è necessario capire che le possibilità di un rinnovamento non possono ricercarsi esclusivamente riducendo il dibattito o indicando la risoluzione del problema rifugiandosi nelle unità pastorali. Sebbene queste siano un'ottima possibilità per creare il senso della comunione tra singole parrocchie attualmente esistenti, non ritengo che possano offrire la garanzia per un rinnovamento vero di tutto l'agire pastorale, proiettato in chiave missionaria. Inoltre l'inserimento delle associazioni, dei movimenti e dei gruppi ecclesiali all'interno di uno stesso itinerario di fede parrocchiale ed ecclesiale appare ulteriormente frantumato.

Per questo motivo è necessario che ci sia una parrocchia che abbia nuovi obiettivi e si inserisca in un nuovo percorso pastorale.

È lecito, dunque, ricercare una nuova idea di parrocchia, che abbia un fondamento trinitario, espresso nell'essenza della Chiesa stessa, come luogo di annuncio e missione.

La pastorale richiesta per la comunità ecclesiale[10] deve far sintesi tra *la pastorale d'insieme* e *quella organica.* La pastorale d'insieme deve vedere la parrocchia impegnata sul fronte sociale, creando una rete di collaborazione con gli enti pubblici, con le associazioni laiche e di volontariato, oltre che con tutte le organizzazioni umanitarie che lavorano sia sul territorio, sia via internet.[11] Inoltre la parrocchia, sposando la pastorale d'insieme, deve tuffarsi nell'evangelizzazione integrandosi con

[9] Conferenza Episcopale Italiana, *Comunicare il Vangelo in un mondo che cambia. Orientamenti pastorali per il decennio 2000/2010,* 11. D'ora in poi citeremo CVMC.

[10] Cfr. A. Ruccia, *Ripensare la parrocchia. Una terza via tra l'attuale parrocchia e le unità pastorali,* Editrice La Scala, Noci 2001.

[11] «Si tratta di pensarsi non come monadi isolate, ma come esseri chiamati ad una fraternità solidale ... Nell'attuale "società liquida" ... completamente colonizzata dalla logica della privatizzazione e dell'insicurezza, esistono luoghi, tempi, relazioni che non sottostanno a questa impotenza. ... Sono quegli spazi del dono, della condivisione che producono forme di socialità capaci di promuovere sviluppo» (V. Colmegna, *La collaborazione della famiglia umana.*, in AA. VV., *A proposito di ... Dio è amore. Commento e guida alla lettura dell'Enciclica Deus caritas est di Benedetto XVI,* Edizioni Paoline, Milano 2009, 141-142).

il mondo industriale, agricolo e terziario da cui appare sistematicamente esclusa. La pastorale organica, invece, è una forma di coordinamento tra la catechesi, la liturgia e la carità, affinché si crei la base per una comunità parrocchiale non votata alla sacramentalizzazione, ma proiettata verso un lavoro unitario tra ragazzi, giovani ed adulti.

Poiché è immane ai nostri giorni il compito che la parrocchia è chiamata ad assolvere, non può certo bastare da sola. Per il suo rinnovamento e per assicurare la sua efficacia operativa, si devono favorire anche forme istituzionali di cooperazione tra le diverse parrocchie di un medesimo territorio.

L'agire pastorale non va inteso così in senso meccanico, non riguarda solo il modo di riprogrammare le strutture, ma richiede una testimonianza che le animi. In tal modo, è possibile tentare di superare il binomio Chiesa-mondo.

Attualmente è presente nella Chiesa una confusione tra i compiti da svolgersi sul territorio e quelli propriamente ecclesiali, che impediscono alla stessa parrocchia di essere profeticamente al servizio della società. È dunque necessario prospettare con chiarezza il ruolo della parrocchia all'interno della realtà sociale, se si vuole frenare l'attuale dispersione di energie e di impegni.

La pastorale d'insieme, unita a quella organica, può offrire sul territorio "itinerari educativi" che aiutino a costruire opportune gerarchie nei bisogni umani; a provocare in ciascuno motivazioni, significati e valori perché la parrocchia divenga protagonista nel rispondere ai propri e agli altrui bisogni; a produrre, attraverso segni profetici evangelici, la crescita del senso di appartenenza alla comunità locale e inoltre ad elaborare strategie organizzative, in risposta a particolari problemi dell'uomo.

Perché si attui la sintesi tra la pastorale organica e quella d'insieme sul territorio è fondamentale la comunione ecclesiale. Quest'ultima si configura più precisamente come una comunione organica, analoga a quella di un corpo vivo e operante. Ciò è possibile solo coniugando tutte le diversità esistenti nella comunità parrocchiale, a cominciare proprio dall'interscambio tra le anime vocazionali, i ministeri e i carismi che la compongono.

> «In questo contesto emerge il ruolo della comunità in ordine alla figura e alla formazione del catechista. In verità non si può affermare che non esista il rapporto. Il punto non è "se" debba esserci tale dimensione.

Certamente i catechisti formati nella comunità, dalla comunità e per un servizio che è pensato in riferimento alla comunità cristiana. Il punto su cui riflettere è la *qualità* di tale rapporto. Essa, per diversi motivi, semplicemente è *inconsistente*. Il motivo per cui catechisti e operatori pastorali insistono su un rinnovato modello di tale tema è nella convinzione che esista un chiaro rapporto tra qualità della vita comunitaria (e quindi riforma della Chiesa locale) e significatività, incidenza, valore, dell'azione missionaria della Chiesa. Una nuova evangelizzazione … chiede una comunità concreta e adulta nella fede».[12]

Per questo si rivela la non auto-sufficienza di molte comunità parrocchiali e l'esigenza che esse vivano di relazioni intraecclesiali feconde. L'unità è espressione non di fissità e fedeltà immobile, ma di dinamismo.

Di conseguenza è nella vita comunitaria la soluzione al superamento di questa dicotomia, poiché è proprio nell'esperienza della vita comune che ognuno deve realizzare il proprio carisma e rivelare la propria identità battesimale.

Il secondo binomio definito è quello di **comunità/ministeri.**

Infatti, è la vita comunitaria che determina l'opzione ministeriale dei singoli e non una semplice idea attuativa di alcuni presbiteri che determinano l'agire dei laici. Le difficoltà nascono dal dover superare i settorialismi ecclesiali determinati dai tanti gruppi che spesso dividono più che creare la vita comunitaria. La comunità non è la somma dei diversi gruppi parrocchiali, ma è la vita di fede che ruota intorno all'unica catechesi, svolta per fasce d'età, alla partecipazione all'Eucarestia e alla progettazione di uno o più progetti caritativi rispettanti la scelte della comunità stessa. Tutto ciò permette di superare sia quella sorta di leaderismo che offre l'opportunità di far emergere i diversi carismi di tutti, sia l'inserimento dei movimenti ecclesiali nella vita comunitaria che non sono chiamati a svolgere un'attività "a latere" o addirittura "in proprio", ma a coinvolgersi nell'esperienza di tutti senza assolutizzare la propria. I ministeri, di conseguenza, sono l'espressione di tutti e soprattutto mostrano come ciascuno può (oltre che deve) collaborare più che lavorare per un'evangelizzazione del proprio campanile.

[12] L. Meddi, *Catechista e comunità cristiana*, in *Via, Verità e Vita*, 196 (2004), 24.

«Il recupero della prospettiva comunitaria, col binomio comunità-ministeri e carismi, spinga a vedere la secolarità piuttosto come un carattere comune ad alcuni carismi e ministeri, non solo laicali. ... Il rapporto col mondo caratterizza tutti i battezzati, in una varietà di toni e di forme, che ci pare più collegata a carismi personali, che a dirigere contrapposizioni tra laicato, gerarchia e stato religioso. È tutta la comunità credente che è interpellata dal *saeculum,* anche se alcuni, per un libero dono dello Spirito, hanno con esso un rapporto più proprio. Ciascuno è chiamato a relazionarsi alle realtà mondane secondo il *proprium* carismatico e ministeriale, che lo caratterizza»[13].

2.3 La comunità di fede

Questo binomio fondamentalmente teologico appare imprenscinbile, ma necessita di un ulteriore passo in avanti. Poiché l'evangelizzazione cerca di rispondere agli interrogativi che il mondo gli pone, essa stessa determina la formazione di una **comunità di fede della nuova evangelizzazione**.

Questa comunità di fede non può prescindere dalla dimensione missionaria che è caratterizzante di ogni realtà locale e che Giovanni Paolo II aveva individuato già nelle **Redemptoris Missio**. Compito fondamentale della comunità ecclesiale è quello di proiettarsi nell'evangelizzazione capillare di tutti in una dimensione universale. Infatti

«l'universalità della salvezza non significa che essa è accordata solo a coloro che, in modo esplicito, credono in Cristo e sono entrati nella Chiesa. Se è destinata a tutti, la salvezza deve essere messa in concreto a disposizione di tutti»[14].

Si deve inoltre sottolineare che

«oggi ci si trova di fronte a una situazione religiosa assai diversificata e cangiante: i popoli sono in movimento; realtà sociali e religiose che un tempo erano chiare e definite oggi evolvono in situazioni complesse. Basti pensare ad alcuni fenomeni come l'urbanesimo, le migrazio-

[13] B. Forte, *Laicato e laicità,* Marietti, Genova 1986, 46.

[14] Giovanni Paolo II, *Lettera enciclica, Redemptoris missio,* Libreria Editrice Vaticana, Città del Vaticano 1990, 10.

ni di massa, il movimento dei profughi, la scristianizzazione di paesi di antica cristianità, L'influsso emergente del Vangelo e dei suoi valori in paesi a grandissima maggioranza non cristiana, il pullulare di messianismi e di sette religiose. È un rivolgimento di situazioni religiose e sociali, che rende difficile applicare in concreto certe distinzioni e categorie ecclesiali, a cui si era abituati».[15]

Oggi non si può parlare di missione se non inquadrandola in un'ecclesiologia totale, poiché la *missio ad gentes* è per tutti e che in questo laici e presbiteri devono assumere un ruolo determinante in grado di fondare l'esperinza pastorale delle nuove comunità.

Le comunità ecclesiali per essere comunità di fede non possono che incamminarsi nella prospettiva della **nuova evangelizzazione**: portando l'impronta di un superamento dei "localismi gruppeschi" al proprio interno si proietteranno in particolare con i laici in dialogo con il mondo, e soprattutto con quello apparentemente lontano dalla vita ecclesiale.[16]

Pur ribadendo che la missione è di tutta la comunità ecclesiale,

> «la partecipazione dei laici all'espansione della fede risulta chiara, fin dai primi tempi del cristianesimo, a opera sia di singoli fedeli e famiglie, sia dell'intera comunità. ... La necessità che tutti i fedeli condividano tale responsabilità non e solo questione di efficacia apostolica, ma è un dovere-diritto fondato sulla dignità battesimale per cui "i fedeli partecipano, per la loro parte, al triplice ufficio-sacerdotale-profetico e regale di Gesù Cristo"».

Essi, perciò,

> «sono tenuti all'obbligo generale e hanno diritto di impegnarsi, sia come singoli, sia riuniti in associazioni, perché l'annunzio della salvezza sia conosciuto e accolto da ogni uomo in ogni luogo; tale obbli-

[15] AD GENTES, *Decreto sull'attività missionaria della chiesa*, in *Enchiridion Vaticanum*, I, Edizioni Dehoniane Bologna, Bologna 1993, 1054-1157, 32. D'ora in poi AG.

[16] «Per svolgere questo compito, è dovere permanente della Chiesa di scrutare i segni dei tempi e di interpretarli alla luce del Vangelo, così che, in modo adatto a ciascuna generazione, possa rispondere ai perenni interrogativi degli uomini sul senso della vita presente e futura e sulle loro relazioni reciproche. Bisogna infatti conoscere e comprendere il mondo in cui viviamo, le sue attese, le sue aspirazioni e il suo carattere spesso drammatico». (GS 4).

go li vincola ancor di più in quelle situazioni in cui gli uomini non possono ascoltare il Vangelo e conoscere Cristo se non per mezzo loro».

Inoltre, per l'indole secolare che è loro propria, hanno la particolare vocazione a

> «cercare il regno di Dio trattando le cose temporali e orientandole secondo Dio»[17].

La comunità di fede della nuova evangelizzazione richiede la svolta della comunità ecclesiale in cui proprio il laicato deve apparire fondamentalmente espressivo e non gestito o gestibile. Questo è da intendersi come un segno dei tempi. Infatti,

> «il fatto che la fede sembri soggetta oggi ad un *indebolimento,* in quanto credere non è più normale come lo era un tempo, può rappresentare un'occasione per riscoprire e valorizzare un altro tratto della vita ecclesiale: la sinodalità, la corresponsabilità di tutti, il dialogo e il confronto; e la possibilità all'occorrenza, di decidere insieme. ... La fede può essere realmente mantenuta e offerta ad altri solo da una comunità dove le persone sono abituate a confrontarsi, ad ascoltarsi, a far leva sulla fede dei fratelli».[18]

La dimensione della vita comunitaria basata sul confronto richiede che la missione non sia uno strumento dell'eccezionalità o una proposta decennale da offrire alla gente. Essa dev'essere chiarita come strumento necessario per l'incontro su cui deve basarsi la proposta del futuro della Chiesa. Si comprende come sia necessario il contributo del laicato che non può seguire i canoni della cultualità, ma quelli della profeticità, della dinamicità e con tempi e spazi diversi dagli attuali che li vedono circoscritti nella vita catechetico-adolescianziale e liturgica. Lo stesso Concilio Vaticano II aveva ribadito tutto ciò affermando che

> «l'apostolato dei laici è partecipazione alla missione salvifica stessa della Chiesa; a questo apostolato sono tutti destinati dal Signore stesso per mezzo del battesimo e della confermazione. Dai sacramenti poi,

17 GIOVANNI PAOLO II, *Redemptoris ...*, cit., 71.

18 R. REPOLE, *Come stelle in terra*, in *Vita pastorale* 6 (2012), 40.

e specialmente dalla sacra eucaristia, viene comunicata e alimentata quella carità verso Dio e gli uomini che è l'anima di tutto l'apostolato. Ma i laici sono soprattutto chiamati a rendere presente e operosa la Chiesa in quei luoghi e in quelle circostanze, in cui essa non può diventare sale della terra se non per loro mezzo. Così ogni laico, in virtù dei doni che gli sono stati fatti, è testimonio e insieme vivo strumento della stessa missione della Chiesa "secondo la misura del dono del Cristo"» (Ef 4,7)[19].

E inoltre

«come i sacramenti della nuova legge, alimento della vita e dell'apostolato dei fedeli, prefigurano un cielo nuovo e una nuova terra (Ap 21,1), così i laici diventano araldi efficaci della fede in ciò che si spera (Eb 11,1), se senza incertezze congiungono a una vita di fede la professione di questa stessa fede. Questa evangelizzazione o annunzio di Cristo fatto con la testimonianza della vita e con la parola acquista una certa nota specifica e una particolare efficacia dal fatto che viene compiuta nelle comuni condizioni del secolo»[20].

La prima vocazione di una **comunità ecclesiale della nuova evangelizzazione** è il servizio gratuito nelle diverse realtà del territorio e con una finalità mirante a creare un'attenzione verso le stesse che attualmente esigono di essere evangelizzate[21]. L'unità della comunità che non è data dalla dall'unicità delle idee è al contrario la base concreta per rilanciare l'evangelizzazione. Ciò avviene poiché se le persone vivono il medesimo itinerario di fede saranno maggiormente coinvolte e si sentiranno protagonisti di quella dimensione battesimale che le contraddistingue.

[19] LG 33.

[20] LG 35.

[21] «La responsabilità educativa non è un insieme di parole o per riempire la bocca, la comunità cristiana non è fuori del territorio, non si ritira su nessun Aventino, ma facendo l'evangelizzazione fa il bene del territorio, delle istituzioni, delle strutture della società. La fedeltà alla parola di Dio e alle indicazioni del concilio ci aiuta ad allargare le nostre vedute e a coltivare sogni. La Chiesa non coltiva sogni, ma sa concretizzarli con segni, che accompagnano, stimolano, fanno crescere responsabilità nei confronti della giustizia, della pacifica convivenza e della solidarietà con i più poveri» (D. SIGALINI, *L'emergenza educativa e la comunità cristiana. Il cristiano secondo la misura di Cristo*, in AA.VV., *Comunità cristiana ed educazione,* Bologna 2009, 221).

Le difficoltà ecclesiali attuali derivano proprio dalla mancanza di una comunità e da un'azione che sembra sfilacciarsi piuttosto che integrarsi. Innanzitutto le attuali comunità ecclesiali sono chiamate a vivere il loro essere comunità evangelizzatrici, partecipando e coinvolgendo tutti i battezzati. È importante che soprattutto "tutti insieme" partecipino ad edificare la comunità ecclesiale e s'impegnino a realizzare la nuova evangelizzazione con l'apporto dei tutti per offrire risposte adeguate alle attuali situazioni di bisogno[22], per proporre il Vangelo nella società[23].

La metodologia della mistagogia, ripresa dalla prassi della comunità antica, può offrire un'opportunità non indifferente di svolta all'azione pastorale. Attraverso gli itinerari di fede, tale metodo, indica la strada realizzativa della nuova evangelizzazione per la Chiesa-comunità ecclesiale.

2.4 Il concetto di mistagogia

a) *Nella storia*

Il termine "mistagogia" ha origine dal greco *mystagogein* in contesto sacrale (iniziare, introdurre ai misteri)[24]. La mistagogia, nel significato teologico, indica non solo il fatto sacramentale ma anche di ogni

[22] Cfr. A. Ruccia, *La corresponsabilità laicale della comunità ecclesiale. Per una nuova evangelizzazione,* Edizioni Vivere in, Roma 2011.

[23] Cfr. A. Ruccia, *Itinerari* ..., cit., 74.

[24] Cfr. R. Gerardi, *Mistagogia*, in L. Pacomio - V. Mancus (a cura) di *Lexicon. Dizionario Teologico Enciclopedico*, Piemme, Casale Monferrato (Al) 1983, 659. «L'uso del lessico mistagogico compare già ad Alessandria d'Egitto con Filone, per cui ci si è chiesto se Filone avesse una concezione "misterica" della religione, giungendo a una risposta negativa: la terminologia misterica in Filone, come anche in Platone, viene usata in senso metaforico. Da qui nasce una conseguenza: la risalita del filosofo verso l'Uno, attraverso il metodo dialettico, viene quasi equiparata al cammino iniziatico delle religioni misteriche. È l'uso del linguaggio misterico che crea questa equiparazione, ma dobbiamo avvertire che non bisogna lasciarsi ingannare dall'uso del lessico misterico. Bisogna andare al di là della terminologia per cogliere la concezione: solo un uso rozzo dell'ermeneutica consente di identificare il pensiero che si vuole esprimere con il linguaggio usato per esprimerlo» (E. Mazza, *La mistagogia. Le catechesi liturgiche della fine del quarto secolo e il loro metodo*, Edizioni Liturgiche, Roma 1996^2, 14).

rito di cui è composta la celebrazione liturgica[25]. Nella terminologia cristiana mistagogia indica l'ultimo periodo del catecumenato antico, solitamente la settimana dopo Pasqua, durante la quale venivano spiegate ai neofiti le catechesi dette mistagogiche[26].

La mistagogia viene usata nel quarto secolo con i Padri Cappadoci, applicandola ai sacramenti cristiani[27]. Nell'epoca patristica non esisteva un metodo per la vita della Chiesa, di preparare un'omelia o una più profonda catechesi, o una refutazione contro le eresie. Era necessario un nuovo metodo ed i Padri hanno risolto usando la Scrittura che è fondamentale sia nell'argomentazione teologica, che nelle scelte della vita per l'educazione alla fede. Essa «fu intesa dai padri come una scuola di vita e di spiritualità cristiana incentrata sulla liturgia»[28]. Il metodo mistagogico voluto dai Padri

> «non era un semplice insegnamento di dottrine, ma una concezione della vita e dello sviluppo della persona, a partire dall'azione della grazia divina. La partecipazione al mistero di Cristo, morto e risorto, diventava sorgente di trasformazione interiore, di novità di vita, di una nuova saggezza che insegnava un altro modo di vivere, di utilizzare il tempo, di pensare i rapporti familiari, di concepire la morte»[29].

Il metodo mistagogico, come forma di educazione cristiana, ha la capacità di riaprirci, nuovamente, alla sorgente del mistero cristiano perché esso richiama gli eventi salvifici resi presenti mediante la celebrazione della liturgia e ci fa memoria che Dio è all'opera in ciascuno di noi e ci fa vivere nell'esperienza vitale del mistero di Cristo scaturito dalla carità[30].

Il metodo mistagogico, nell'epoca dei Padri era la strategia pastorale adottata per i catecumeni al fine di iniziare a penetrare il vero senso della liturgia sacramentale. Ma

[25] Cfr. E. Mazza, *La mistagogia ...,* cit., 7.

[26] Cfr. R. Gerardi, *Mistagogia* ..., cit., 659.

[27] Cfr. E. Mazza, *La mistagogia ...,* cit., 14.

[28] F. Cacucci, *La mistagogia. Una scelta pastorale*, Edizioni Dehoniane Bologna, Bologna 2006, 21.

[29] F. Cacucci, *La mistagogia* ..., cit., 13.

[30] Cfr. F. Cacucci, *La mistagogia* ..., cit., 15.

> «alle *catechesi mistagogiche* non partecipavano solo i neobattezzati, ma tutta la comunità cristiana, che, in questo modo, riceveva una formazione permanente ed era aiutata a comprendere e vivere sempre più profondamente il dono ricevuto e ravvivato dalla liturgia»[31].

Per questo anche nel senso attuale quel significato non può rimanere solo per coloro che si apprestano a ricevere il battesimo, ma richiamandoci al significato dai Padri è possibile, attraverso l'unità dell'intera comunità, coinvolgere non solo i frequentanti, ma anche i lontani.

b) Nell'attualità

Il *Catechismo della Chiesa Cattolica* indica nei paragrafi che spiegano il *Rito del Battesimo* proprio la mistagogia quale metodo per, prima celebrare e successivamente vivere nella vita, la celebrazione[32]. Inoltre, lo stesso concetto viene chiarito anche per gli altri sacramenti in cui si ribadisce l'importanza dello stesso metodo mistagogico.

Il documento finale del Sinodo straordinario dei vescovi del 1985, celebrato nel venticinquesimo anniversario della chiusura del Concilio Vaticano II, afferma a proposito del metodo mistagogico dei Padri che

> «le catechesi, come già accadeva all'inizio della Chiesa, devono tornare a essere un cammino che introduca alla vita liturgica»[33].

Inoltre, i *Lineamenta* dell'XI Assemblea generale ordinaria del Sinodo dei vescovi, sul tema *L'eucaristia: fonte e culmine della vita e della missione della Chiesa,* hanno dedicato il capitolo V proprio alla mistagogia in funzione della nuova evangelizzazione, soffermandosi,

[31] F. Cacucci, *La mistagogia ...*, cit., 23.

[32] Cfr. Catechismo della Chiesa Cattolica, Libreria Editrice Vaticana, Città del Vaticano 1999, 1234-1245; anche 1075.

[33] Sinodo dei Vescovi, II Assemblea generale straordinaria (24.11-8.12.1985), *Rapporto finale Exeunte coetu secundo: La Chiesa, nella parola di Dio, celebra i misteri di Cristo per la salvezza del mondo (7.12.1985)*, in Segretario Generale del Sinodo dei vescovi (a cura di) *Enchiridion del Sinodo dei Vescovi* vol. I, n. 2738.

sulla mistagogia oggi[34] e richiamando l'urgenza di riproporre proprio la catechesi mistagogica.

Anche i *Lineamenta* della XIII Assemblea generale ordinaria del Sinodo dei vescovi, sul tema *La nuova evangelizzazione per la trasmissione della fede cristiana*, ha proseguito la ricerca sulla mistagogia per ridare una spinta essenziale del processo di generazione alla fede affermando che:

> «Le Conferenze Episcopali hanno adottato nel recente passato scelte differenti al riguardo, motivate dalle diverse prospettive da cui veniva letta la problematica (pedagogica, sacramentale, ecclesiale). Così pure si presenta come una sfida alla Chiesa la capacità di ridare contenuto ed energia a quella dimensione mistagogica dei percorsi di iniziazione, senza la quale quegli stessi itinerari risulterebbero privi di un ingrediente essenziale del processo di generazione alla fede. [...] La "nuova evangelizzazione" ha molto da dire su di esso [il campo dell'iniziazione]: occorre infatti che la Chiesa continui in modo forte e determinato quegli esercizi di discernimento già in atto, e allo stesso tempo trovi energie per rimotivare quei soggetti e quelle comunità che mostrano segni di stanchezza e di rassegnazione. Il volto futuro delle

[34] «Il Signore cammina con il suo popolo, accompagna sempre la missione della Chiesa con la sua presenza, che ci trasforma e ci fa entrare nel tempo definitivo (*éschaton*). Al principio della mistagogia c'è un incontro di fede col Signore attraverso la sua grazia. L'uso delle Chiese orientali di dare la comunione ai piccoli insieme al battesimo e alla cresima afferma che la grazia dell'Eucaristia viene prima di ogni intervento umano. Come si potrebbe fare mistagogia senza l'attrattiva di Gesù? Il Vangelo riferisce incontri di Gesù con uomini e donne di diversa condizione. Dall'incontro di Cristo con l'uomo è partito un itinerario di conoscenza che si sviluppa in esperienza di fede: "dove abiti?... e si fermarono presso di lui" (Gv 1,38-39). Così accadde che alcuni lo seguirono. Questa è la mistagogia di Dio verso l'uomo, a cominciare dal prendere la nostra carne e portarla alla redenzione. [...] Dunque, riscoprire la metodologia dei padri è importante per rispondere al bisogno visivo di immagini e simboli, che contraddistingue l'uomo contemporaneo. Lo stesso contributo dei teologi medievali è utile per rispondere alla esigenza razionale dell'adesione al mistero. Questo patrimonio è conservato nelle preghiere e nei riti liturgici: dalla loro comprensione dipende non poco la partecipazione al mistero eucaristico. Ma anche la catechesi deve aiutare sacerdoti e fedeli a capire ed attuare le diverse condizioni della celebrazione dell'Eucaristia» (Sinodo dei vescovi, XI Assemblea generale ordinaria, *L'eucaristia: fonte e culmine della vita e della missione della Chiesa. Lineamenta*, LEV, Città del Vaticano 2004, n. 47).

nostre comunità dipende molto dalle energie investite in questa azione pastorale e dalle iniziative concrete proposte ed attuate per un suo ripensamento e rilancio»[35].

Si comprende come il termine attuale della mistagogia designa la catechesi come strumento in grado a partire dai sacramenti, e in particolare da quelli dell'iniziazione cristiana, di rilanciare un'evangelizzazione che non elimini la prassi contemporanea della pastorale sacramentale su cui attualmente ruota tutto, ma di coinvolgere nella missionarietà i battezzati a partire da quanto hanno celebrato affinchè li celebrino concretamente nella vita.[36]

c) *Gli elementi della mistagogia*

Il metodo mistagogico permette di cogliere nei suoi diversi passaggi, tutta la ricchezza di fede e di preghiera contenuta nella liturgia e, soprattutto, favorisce un'autentica esperienza del mistero di Cristo, vivo e operante per mezzo dello Spirito Santo, nella celebrazione liturgica[37]. In questo modo ai ragazzi, ai giovani e agli adulti dell'unica comunità è offerta la possibilità di prepararsi non solo all'esperienza dei sacramenti, ma nell'unica tematica individuata, a partire dalla Sacra Scrittura, vivere durante tutto l'arco dell'anno liturgico soprattutto la celebrazione eucaristica domenicale, al fine di fare sintesi tra Parola (catechesi), celebrazione (liturgia) e la vita (carità)[38].

"L'azione pastorale contemporanea si regge nella maggior parte delle comunità ecclesiale su catechesi, liturgia e carità"[39].

Per annunciare, comprendere e vivere la fede, il metodo della mistagogia prende le mosse da una catechesi che spiega ciò che celebra

35 Sinodo dei vescovi, XIII Assemblea generale ordinaria, *La nuova evangelizzazione per la trasmissione della fede cristiana. Lineamenta*, LEV, Città del Vaticano 2011, n. 18.

36 Cfr. E. Mazza, *La mistagogia. Le catechesi liturgiche della fine del quarto secolo e il loro metodo*, op. cit., 11.

37 Cfr. F. Cacucci, *La mistagogia...*, cit., 83.

38 Cfr. F. Cacucci, *La mistagogia...*, cit., 84.

39 Cfr. A. Ruccia, *Comunità ...*, cit., 74.

nella liturgia con la Parola e con la dottrina per comprenderne il vero significato. La liturgia dove si vive la fede non deve rimanere in sé, come ritualismo, ma deve dare testimonianza dell'amore di Cristo e ravvivare, nella vita cristiana, la carità.

La catechesi deve partire dalla Parola della Scrittura in cui è annunciato tutto il mistero di Cristo.

> «Dalla tematica biblica e dalle analisi risultanti dalla lettura del territorio devono emergere le tematiche di confronto su cui ruota la catechesi, che vedrà coinvolta l'intera comunità delle diverse fasce d'età (ragazzi, giovani e adulti)»[40].

Le *catechesi mistagogiche* dei Padri della Chiesa hanno utilizzato lo stesso metodo con il quale interpretavano le Scritture per spiegare ed introdurre nel mistero di Cristo celebrato nella liturgia[41]. La catechesi, dunque, della nuova evangelizzazione può utilizzare la dimensione concentrata del Vangelo da parte di tutta la comunità ecclesiale[42].

Infatti, la catechesi non sarebbe efficace se non si celebra da colui che è educato dalla catechesi, poiché la spiegazione deve essere completata con l'esperienza e la catechesi non deve rimanere solo in sé. La spiegazione o conoscenza intellettuale della fede cristiana si realizza concretamente nella celebrazione dei sacramenti. Per questo possiamo analizzare la relazione inscindibile che esiste tra catechesi e liturgia. Il mistero di Cristo lega la Scrittura e la liturgia intimamente in modo da realizzare una profonda unità. Per i Padri della Chiesa la celebrazione del mistero di Cristo è già in se stessa iniziata al mistero celebrando il mistero[43]. La liturgia rende partecipi i credenti del progetto salvifico mediante l'attualizzazione in cui un vincolo fondamentale tra la fede e la liturgia tiene uniti[44]. Attraverso la liturgia, è possibile penetrare nel dinamismo salvifico e santificante di Cristo, per cui il fine della liturgia non è la sacramentalizzazione dei credenti, ma la propria santificazione[45]. La santificazione dei credenti si realizza nella liturgia che offre

40 A. Ruccia, *Comunità* ..., cit., 76-77.
41 Cfr. F. Cacucci, *La mistagogia* ..., cit., 6.
42 Cfr. A. Ruccia, *Comunità* ..., cit., 76.
43 Cfr. F. Cacucci, *La mistagogia* ..., cit., 6.
44 Cfr. F. Cacucci, *La mistagogia* ..., cit., 38.
45 Cfr. F. Cacucci, *La mistagogia* ..., cit., 57.

la Parola annunciata all'esperienza della fede. La liturgia dunque deve essere riportata alla vita quotidiana per vivere il mistero di Cristo e per vivere come Cristo nella concreta esperienza.

Tutto ciò che si attualizza mediante la liturgia e deve accompagnare la vita concreta quotidiana di credenti, come afferma la lettera di Giacomo: «come il corpo senza lo spirito è morto, così anche la fede senza le opere è morta» (Gc 2,26). Queste opere si possono realizzare con la carità, come ogni sacramento celebrato esprime la carità offerta da Gesù Cristo che trova espressione nella fede di tutta la Chiesa.[46]

La mistagogia nella catechesi e la liturgia, senza l'educazione alla carità, non ha valore. Ovviamente il metodo mistagogico contiene l'educazione alla carità ecclesiale perché si possa vivere insieme nella vita comunitaria[47]. L'attualizzazione della carità nel suo esercizio concreto diventa indispensabile per l'unità richiesta nel vivere i sacramenti nella vita e nella storia.[48] Insomma, possiamo sintetizzare la mistagogia in tre elementi:

> «La fede ascoltata è fede celebrata per essere fede vissuta. Per questo la catechesi, la liturgia e la carità, che sono i cardini della pastorale organica, possono, attraverso la mistagogia, essere fonte di sintesi, ma soprattutto di attualizzazione del mistero di Cristo»[49].

Per questo, nel nostro tempo, dobbiamo percepire che la stessa comunità è chiamata a compiere un passaggio che appartiene al passato (memoria), un altro che appartiene al presente (fedeltà) e un ultimo che appartiene al futuro (profezia)[50].

Si comprende ancora di più che proprio in virtù del battesimo che la Chiesa conferisce, tutta la comunità vive l'esperienza di essere un popolo sacerdotale in continuo pellegrinaggio. Questo ci permette di

[46] «Sebbene il dono della fede in se stesso non sia la stessa cosa del dono della carità, nell'intenzione e nell'iniziativa di Dio è però intimamente ordinato alla carità, e quando da parte della creatura libera non osti una opposizione o una resistenza il dono della fede fatto da Dio è sempre animato da una reale carità e quindi da una effettiva comunione» (A. BALLESTRERO, *Perché il Concilio diventi vita,* Ecumenica Editrice, Bari 1977, 96).

[47] Cfr. F. CACUCCI-A. RUCCIA, *Memoria...*, cit., 24.

[48] F. CACUCCI-A. RUCCIA, *Memoria...*, cit., 16.

[49] A. RUCCIA, *Itinerari ...*, cit., 81.

[50] Cfr. F. CACUCCI-A. RUCCIA, *Memoria...*, cit., 26.

affermare che a nessuno è concesso di vivere un itinerario di fede come singoli, ma di procedere insieme per una progettualità di nuova evangelizzazione. Non possiamo, infatti, parlare di **comunità ecclesiale della nuova evangelizzazione** se non in una prospettiva di stretta intesa tra clero e fedeli che insieme si proiettano nell'annuncio celebrato della carità nella nostra società del post-moderno.

Per questo è necessario che la comunità cristiana sia chiamata ad essere un corpo capace di comunicare con il mondo e non una semplice detentrice del sacro. In altri termini, una comunità che mostri nella storia, proprio a partire dalla dimensione del laicato, uno spazio reale tra Dio e l'uomo nella difficile situazione in cui vive.

> «Un cristianesimo di spazi invitanti, accogliente, aperto, che dona respiro e nuova lena, ma anche in grado di opporre resistenza, contestando ogni umana pretesa di proporsi come Dio e come divino, come assoluto e come assolventesi: un cristianesimo dotato di carica profetica di chi sa e ricorda che questo mondo non è il paradiso, ma il giardino della cura e della crescita nell'attesa dei cieli nuovi e della nuova terra»[51].

La comunità ecclesiale è così invitata a dare risposte all'era dell'uomo apparente trascinato dall'onda della commercializzazione, dove tutto si misura sul denaro. Infatti il singolo finisce per essere un *homo ludens* che cerca di apparire, anche mercificando se stesso, ed è tutto proteso in un precariato di vita. Si comprende come tutto diventa instabile: convivenze, coppie di fatto, corsa alla fortuna e soprattutto decisioni rimandate nel tempo[52].

Appare chiaramente che la prospettiva di una comunità ecclesiale richiede che questa si ponga nella dimensione dell'evangelizzazione-

[51] A. MATTEO, *Della fede dei laici. Il cristianesimo di fronte alla mentalità post-moderna,* Rubbettino Editore, Soneria Mannelli (Cz), 2001, 2.

[52] «La speranza viene solo dal basso, dalla capacità dei gruppi di mettersi insieme, ... viene dai fratelli/sorelle di strada impegnati strenuamente sull'acqua, sui rifiuti, sull'ambiente. È straordinario vedere la ricchezza delle relazioni umane, la capacità di lettura della realtà alla luce del Vangelo (è la lettura popolare della Bibbia) e l'impegno verso i più poveri. È proprio bello vedere che sono i poveri che aiutano i poveri. ... Dio è stanco di morti in nome del profitto: Lui vuole che i suoi figli vivano in pienezza la loro vita, ora e per sempre» (A. ZANOTELLI, pro manuscripto).

missione senza tradire gli insegnamenti del Maestro. La stessa missione non può intendersi come un atto singolo di qualcuno. Infatti la missione richiede quella carità che è alla base dell'agire in una prospettiva di cammini svolti dall'intera comunità che trova fondamento nel Vaticano II.

> «Se nella *Gaudium et Spes* la Chiesa rinuncia al suo isolamento e alla politica di difesa ad oltranza di fronte al mondo moderno, nella *Lumen Gentium* la Chiesa rinuncia alla rigidità delle strutture e delle definizioni ecclesiologiche. … La Chiesa vuol essere segno di presenza, invito al dialogo e mezzo per raggiungere questi scopi nella grave e complessa crisi del nostro tempo, … armonizzando continuità, apertura, tradizione, spontaneità e rinnovamento. … Ed è in questo modo che potrà fare da agente catalizzatore dell'uomo post-moderno nella scoperta della dimensione spirituale sua e della società»[53].

Gli elementi essenziali in cui la comunità ecclesiale della nuova evangelizzazione è chiamata ad esprimersi sono la trasparenza delle opere buone, la gratuità dei gesti e la concretezza.

> «L'opportunità, anzi la necessità, di possedere una visione ed una conoscenza vera dell'annuncio cristiano e delle sue conseguenze per la vita dell'uomo non esonera dalla fatica di elaborare convincimenti di azione che siano rispettosi dei condizionamenti di fatto del vissuto umano e insieme diano realizzazione alle intenzioni profonde del messaggio cristiano stesso»[54].

Si comprende ancora di più come l'azione pastorale ecclesiale non può essere un'organizzazione o la realizzazione di iniziative saltuarie, ma il risultato di un lungo lavoro in cui laici e presbiteri stringono un'intesa finalizzata ad attuare un'evangelizzazione più capillare e attenta nei confronti di tutti, anche di chi attualmente risulta assente dalla vita ecclesiale[55].

[53] V. Bo, *Parrocchia tra passato e futuro*, Assisi 1977, 102 – 104.

[54] B. Seveso, *Alle radici della pastorale*, in Enciclopedia di Pastorale, Casale Monferrato 1992, 236.

[55] «La Chiesa nella quale oggi viviamo, si trova in un mondo che, da un lato è caratterizzato da un pluralismo crescente, dall'altro, a causa delle rivoluzioni tecnologiche, cresce sempre più assieme. Il pericolo che essa corre è quello di essere segnata e normata da un nuovo materialismo. Parliamo di un mondo globalizzato perché il mondo viene ad essere, sotto molteplici aspetti, unificato. Se vogliamo vivere in

La comunità ecclesiale della nuova evangelizzazione, manifesta ed evidenzia il suo protagonismo e non la sua semplice ricettività. Essa deve diventare comunità attraverso un'attenta progettualità che lo sganci dal clericalismo e dia al laicato un ruolo imprescinbile e di responsabilità.

2.5 Le prospettive pastorali per una nuovo laicato

È necessario procedere in due direzioni perché la progettualità di una pastorale ecclesiale possa concretizzarsi attraverso un rilancio della vita comunitaria coniugando il binomio teologico **comunità ecclesiale/ nuova evangelizzazione**.

Infatti, oltre alla pastorale che tradizionalmente vede la catechesi, la liturgia e la carità in primo piano con laici abbastanza impegnati in questi settori anche nei tempi e nei ritmi dell'anno liturgico, occorre incentivare sia la pastorale sociale, sia quella ecumenica attraverso forme educative in prospettiva di evangelizzazione. La prima è il campo specifico di azione della pastorale d'insieme[56], che deve vedere la comunità

questo mondo pacificamente, dobbiamo restare in dialogo o aprire il dialogo tra noi. In un mondo che continua a soffrire per i tanti conflitti, non c'è altro che il dialogo per comprendersi e riconciliarsi. La Chiesa si impegna per il dialogo, anche perché questo ha il suo ultimo fondamento in Dio stesso. I cristiani sono convinti che il Dio Trinitario sia in se stesso dialogo. Nel suo amore e nella sua bontà infinita Egli ha creato il mondo, si è fatto lui stesso uomo ed ha invitato gli uomini al dialogo con se stesso e tra loro» (H. WALDENFELS, *La teologia nel dialogo della Chiesa con un mondo globalizzato*, in *Rivista di Scienze Religiose*, 2 (2008), 312).

[56] «La presa di coscienza dei problemi umani e religiosi di una *zona* e la determinazione dei compiti che si pongono alla Chiesa non possono essere affidati alla causalità. È obiettivamente richiesta una strumentazione scientificamente agguerrita, per la quale è interessata in modo particolare la sociologia religiosa. ... A fronte di un attivismo forse generoso ma non sempre avveduto, la *pastorale d'insieme* insiste infatti sul momento della osservazione dei fatti e della loro analisi. Perché l'iniziativa pastorale sia pertinente, la realtà sociale deve essere raggiunta nella sua concretezza, procedendo oltre il piano dei principi. Se si vuole che il vissuto umano sia realmente agganciato, è necessaria una conoscenza che non si limita al quadro generale delle indicazioni di principio, ma sa entrare con simpatia e puntualità tra le pieghe della situazione di fatto esistente ed è in condizione di seguire con tempestività il suo evolversi e i mutamenti sociali che si producono» (B. SEVESO, *Pastorale d'insieme*, in *Enciclopedia di pastorale*, I, Piemme, Casale Monferrato (Al) 1992, 210).

in stretto dialogo con il mondo di chi non vive l'esperienza della vita comunitaria ecclesiale; l'altra, quella ecumenica, deve puntare a ricercare il dialogo sia con i cristiani, sia con i non-cristiani di altre religioni per promuovere la cultura della pace e della giustizia[57].

Anche in questi due grossi settori deve rientrare l'azione della riproposta evangelica perché si contribuisca a far *lievitare le culture* con l'annuncio del Vangelo e a *potenziare i valori*, di cui esse sono portatrici. Il dialogo infatti aiuta ad ascoltare e a capire meglio il cuore dei propri contemporanei, e spesso, in tal modo, a capire meglio la vita e lo stesso Vangelo.

Sia a livello sociale sia a livello ecumenico deve intensificarsi il confronto. La comunità ecclesiale promuovendo il dialogo nelle realtà sociali e attraverso il confronto con cristiani-credenti deve immergersi sembra più in quella società multietnica e multirazziale di cui ormai fa parte intero globo. Il clericalismo, di conseguenza, diventa anacronistico, perché rivela quanto il campo di azione dell'evangelizzazione non possa limitarsi e restringersi all'interno della vita intraecclesiale. Il problema di una pastorale sociale ed ecumenica è nello stesso tempo il problema della famiglia, dell'educazione, dei corsi di preparazione al matrimonio, del problema abitativo e demografico, della mancanza di risorse umane e della conflittualità mondiale su cui alcuni sembrano investire per i propri interessi. Infatti, la pastorale sociale deve necessariamente fare i conti con l'economia e la gestione del denaro. In questo settore la comunità sembra camminare spesso *a latere* e soprattutto disinteressandosi delle problematiche che ne derivano.

L'azione pastorale della comunità ecclesiale della nuova evangelizzazione è come ha sottolineato profeticamente il Concilio una pastorale della corresponsabilità e della dinamicità. Questa azione deve fare i conti con la carità che dev'essere espressione di tutto un cammino ecclesiale. Di qui deriva l'impegno apostolico[58] che non è qualcosa di

[57] «L'ecumenismo non è una specializzazione, … ma è una *qualità* e una dimensione di ogni attività cristiana: teologica, pastorale, storica, liturgica, artistica, ecc. L'ecumenismo non è solo una branchia dell'ecclesiologia, poiché è nella natura della Chiesa che si gioca la carta dell'unità, ma è anche un momento di riflessione sul carattere escatologico della Chiesa e della storia della salvezza. Alla base dell'ecumenismo sta non solo una teologia, ma anche una vocazione e un passo storico verso la pienezza dei tempi» (V. MORERO, *Ecumenismo,* in Enciclopedia di pastorale, I, Piemme, Casale Monferrato (Al) 1992, 341).

[58] AA 3.

sovrabbondante o un superimpegno del cristiano. Al contrario ne è l'equivalente perché è impegno nello stesso tempo di carità, di comunione a Cristo e alla Chiesa, che raggiunge il suo obiettivo di consumarsi solo raggiungendo tutti gli uomini.[59] La sintesi mirabile tra la pastorale sociale e quella ecumenica la si trova nella ricerca appassionata di nuove vie per una creazione della società della pace e della giustizia[60]. Il compito dei laici appare importante e non certamente di secondo piano soprattutto a livello sociale e morale *nello spirito di Assisi* voluto da Giovanni Paolo II.

I laici non possono sentirsi pastoralmente *longa manus* dei presbiteri poiché nell'impegno per dare dignità al lavoro devono essere segno di un'opzione in cui le singole comunità sono presenti. Questo richiede un ulteriore impegno a non confondere il bene comune con una politica del clientelismo e soprattutto la ricerca di fonti nuove per un'economia di giustizia[61] partendo proprio dalla realtà biblica che in seguito sia in grado di promuovere l'inserimento lavorativo dei giovani per non farli cadere nelle reti del lassismo e del clientelismo.

Si possono individuare cinque criteri in cui il laicato deve essere protagonista per un'evangelizzazione nuova della comunità ecclesiale: **collegare il "sensus ecclesiae" con la dinamica sociale della società**[62]**; discernere i segni dei tempi leggendoli biblicamente e pastoralmente**[63] e avere la capacità di guardare "a mente fredda" le situazioni

[59] Cf AA 2.

[60] Cf Unitatis Redintegratio, *Documento sull'ecumenismo*, in *Enchiridion Vaticanum*, I, Edizioni Dehoniane Bologna, Bologna 1993, 664-711, 4-5. D'ora in poi UR.

[61] Cf H. Bahaier, *Le dieci parole. Il decalogo come non lo hai mai sentito raccontare,* Edizioni san Paolo, Cinisello Balsamo (MI), 2011.

[62] «Il popolo di Dio, mosso dalla fede con cui crede di essere condotto dallo Spirito del Signore che riempie l'universo, cerca di discernere negli avvenimenti, nelle richieste e nelle aspirazioni, cui prende parte insieme con gli altri uomini del nostro tempo, quali siano i veri segni della presenza o del disegno di Dio. La fede infatti tutto rischiara di una luce nuova, e svela le intenzioni di Dio sulla vocazione integrale dell'uomo, orientando così lo spirito verso soluzioni pienamente umane». (GS 11).

[63] «Per svolgere questo compito, *è dovere permanente della Chiesa di scrutare i segni dei tempi e di interpretarli alla luce del Vangelo*, così che, in modo adatto a ciascuna generazione, possa rispondere ai perenni interrogativi degli uomini sul senso della vita presente e futura e sulle loro relazioni reciproche. Bisogna infatti conoscere e comprendere il mondo in cui viviamo, le sue attese, le sue aspirazioni e il suo carattere spesso drammatico» (GS 4).

che si verificano, per affrontare la crisi di fede che oggi vivono le comunità ecclesiali; **vivere da laici il senso battesimale**[64] superando la logica dell'apostolato come pseudo clericalismo per incarnarsi nella storia con un'evangelizzazione particolare rivolta agli assenti della comunità stessa in quanto la nostra fede custodisce la bellezza dell'umano e dispone i credenti a un impegno radicale, a costo di ogni sacrificio perché l'umano dell'umano non venga manipolato, sfruttato e vilipeso dentro i vasti spazi della mondanità della società globalizzata odierna; **vivere la *terzietà*** per essere strumento di equilibrio tra presbiteri e mondo attraverso la dottrina sociale della Chiesa[65]; vivere il senso della **libertà** inteso come forma di criticità costruttiva per poter spingere ad incarnare nella realtà le difficoltà di integrazione con i problemi più scottanti quali la bioetica, l'impoverimento mondiale galoppante e la lesa dignità della persona umana.

I laici devono essere la coscienza critica della comunità per far allargare le vedute e determinate le ricerche sia a carattere teologico, sia pastorale. La libertà può e deve essere lo strumento che permette il dialogo con il mondo dei non credenti o al limite con quello dei non praticanti, senza che si mettano in discussione i cardini fondamentali della morale e quanto è contenuto nel Vangelo. Il cristianesimo è vita, prima che dottrina; nella visione cristiana il supremo regno non è quello del potere, né del sapere, ma quello della carità. In altre parole: chi regna e non serve non è chi può, non è chi sa, ma chi ama. Ciò a cui la missione cristiana mira è semplicemente che la persona sia liberata e quindi capace di realizzarsi nella verità. In un linguaggio biblico si dovrebbe dire che sia rigenerato dallo Spirito Santo in Cristo.[66]

[64] «Grava su tutti i laici il glorioso peso di lavorare, perché il disegno divino di salvezza raggiunga ogni giorno più tutti gli uomini di tutti i tempi e di tutta la terra. Sia perciò loro aperta qualunque via affinché, secondo le loro forze e le necessità dei tempi, anch'essi attivamente partecipino all'opera salvifica della Chiesa» (LG 33).

[65] GS 7.

[66] «Proprio nel momento in cui dalle sponde laiche si muovono delle obiezioni, talvolta fondate, circa un cristianesimo vissuto nella sottomissione, nel dogmatismo chiuso e formale, in strutture pesanti e cariche di sufficienza, ecco che la comunità cristiana scopre il dono della libertà. … Un cristianesimo liberatore e non solo perché predica l'uguaglianza fondamentale di ogni uomo e donna di fronte al Padre comune, ma che avvicina la libertà interiore di chi si sente finalmente libero da se stesso, dagli idoli di oggi e anche umanamente ricco. Eppure è un cristianesimo esigente che predica anche la Croce come alternativa a un mondo che crede di essere felice nel possesso.

Tutto ciò è concesso nel dono fatto ai credenti in Cristo dallo Spirito Santo proprio per mezzo del battesimo conferito a tutti. I laici diventano così sacerdoti per l'umanità.

Il sacerdozio laicale ha chiari fondamenti biblici e un fondamento nello Spirito imprescindibile. Se, infatti, la venuta dello Spirito Santo sulla terra deriva dalla promessa di Gesù[67], questi esiste da sempre, anche se prima della morte e risurrezione di Gesù appare in maniera invisibile. In altri termini gli uomini non erano in grado di sperimentare il soffio della Pentecoste.

Il termine ebraico *ruah* esplica chiaramente il significato vero di quello che in occidente si traduce con spirito. Infatti nell'Occidente è stato sempre inteso in opposizione al concetto di materia. Nel contesto ebraico, invece, *ruah Jahve* è espressione che connota una forza pari ad urugano, una tempesta, una forza nel corpo e nell'anima, nell'umanità e nella natura.[68] Infatti,

> «nell'Antico Testamento, l'ebraico *ruah,* tradotto in greco quasi sempre con *pneuma,* significa soffio, alito, aria, vento, anima. Le 378 volte che *ruah* viene usato nell'Antico Testamento si distribuiscono in tre gruppi quantitativamente più o meno uguali. È il vento, il soffio d'aria; è la forza viva presente nell'uomo, principio di vita (alito), sede della conoscenza e dei sentimenti; è la forza di vita di Dio, per la quale egli agisce e fa agire, sia nel piano fisico che in quello spirituale».[69]

Da ciò deriva che il *vento ruah* esprime un movimento che ha la forza di mettere in azione altre cose.[70] Rispetto all'uomo in cui il vento ha il carattere di ciò che è inafferrabile e impalpabile, nell'azione del *vento di Dio* c'è un'espressione della sua manifestazione per la salvezza del popolo.

Nel NT la presenza dello Spirito è verificabile nell'intera vita di Gesù in quanto non solo la sua vita terrena manifesta la relazione con il Padre,[71]

... Dunque una Chiesa non intesa come codice di buona condotta, ma come esperienza di liberazione» (V. MORERO, *Laicità al plurale,* Vita e Pensiero, Milano 2002, 73).

[67] Gv 16,7.

[68] Y. CONGAR, *Credere nello Spirito Santo,* Queriniana, Brescia 1999, 18.

[69] Y. CONGAR, *Credere ...*, cit., 17.

[70] Cf R. ALBERITZ-C. WESTERMANN, *Ruah*, in *Dizionario Teologico Antico Testamento*, I, Marietti, Casale Monferrato (Al) 2000, 657-658.

[71] Cf M. GRONCHI, *Trattato su Gesù Cristo Figlio di Dio salvatore,* Queriniana, Brescia 2008, 264.

ma ci fa conoscere la presenza di Dio proprio per mezzo dello Spirito.

La nascita di Gesù, che è il luogo della promessa di Dio, mostra la differenza da ogni altra nascita umana. La sua singolarissima origine non può essere spiegata in nessun altro parallelo, compresa quella straordinaria del Battista.[72]

Nei vangeli sinottici,[73] soprattutto in Luca (1,35) si sottolinea lo stretto rapporto tra Maria e lo Spirito. La presenza dello Spirito si rivela come manifestazione della potenza divina della nuova creazione che si esprime nell'autocomunicazione definitiva di Dio all'uomo, compiuta nell'incarnazione-umanizzazione del Verbo, in cui lo Spirito opera come persona. La venuta dello Spirito si riferisce in questo caso non ad un intervento su Gesù come Messia, ma proprio su Maria. Il risultato di questa venuta non sta solo nella concezione, ma nella partecipazione di Maria alla stessa figliolanza per via dell'Incarnazione nel tempo storico. Così nell'annunciazione si manifestano la forza e il volto dello Spirito di Dio, non solo come segno del suo intervento creativo, ma in vista di una straordinaria relazione di amicizia intima con Dio di cui lo Spirito è segno e presenza.

Anche nell'episodio del battesimo di Gesù, attestato dai sinottici (Mt 3,13 – 17; Mc 1, 9 – 11; Lc 3, 21 – 22) è impressa la dinamica dello Spirito. Infatti, la continuità tra l'esperienza del Giordano e quella della comunità ecclesiale non può essere mai disgiunta proprio in virtù della forza dello Spirito. Il battesimo di Gesù non è quello della purificazione ebraica conferito dal Battista. Esso è unico ed imprime il sigillo dell'impegno alla testimonianza.[74] Infatti, con l'evento del Giordano

[72] Cf R. Brown, *La nascita del Messia secondo Luca e Matteo,* Cittadella Editrice, Assisi 1981, 82-83.

[73] «In Matteo l'azione dello Spirito nei confronti di Gesù risulta molto più radicale ed estesa. L'intervento dello Spirito è affermato già dalla concezione di Gesù, per spiegare il mistero della sua origine umano-divina (Mt 1,18-20). Matteo dice che Gesù è il nuovo Adamo nel quale si adempie l'antica storia del mondo. Questo afflato di universalità è segnato anche dal riferimento dell'azione del *pneuma.* L'eVangelo di Matteo (1,18) rafforza questa prospettiva universale storica, già aperta dalla genealogia, scrivendo che la concezione di Gesù si realizza sotto l'azione dello Spirito divino. Lo stesso Spirito di Dio che presiedeva la creazione e la formazione del primo uomo (Gen 2,7) determina l'inizio della nuova genesi, segna la storia della nuova umanità, del nuovo Adamo e inaugura il nuovo popolo di Dio» (V. Gaspar, *Cristologia Pneumatologica,* Editrice Pontificia Università Gregoriana, Roma 2000, 38).

[74] Cf G. Mazzanti, *I sacramenti. Simbolo e Teologia,* Edizioni Dehoniane Bologna, Bologna 1997.

s'inaugurano i tempi messianici[75] espressi dalla teofania del Padre e dello Spirito in cui il Figlio è proclamato prediletto.

In tal modo l'esperienza della Chiesa primitiva deve essere letta in parallelo proprio con l'esperienza battesimale di Gesù. Nella Pentecoste nasce la comunità ecclesiale nuova che raccoglie tutti gli insegnamenti di Gesù e si pone nella logica della salvezza universale dell'umanità. (At 2, 39). Così tutta la missione evangelizzatrice della Chiesa è similare al ministero di Gesù che è posto sotto l'influsso dello Spirito.

Il dono dello Spirito Santo produce nel credente la capacità di amare, una capacità che è partecipazione della stessa capacità divina. Ciò vale per il cristiano, ma soprattutto per la comunità ecclesiale Infatti

> «la Chiesa, la Chiesa di Dio in Gesù Cristo, è … la comunità umana dell'agape divina, dell'amore del Padre comunicato agli uomini del Figlio suo nello Spirito … Lo Spirito in noi, lo Spirito Santo del Figlio, lo Spirito di figliolanza, che procede dal Padre, ne è la fonte permanente, e la Chiesa della Nuova ed eterna Alleanza ne è la realizzazione, ancora progressiva, ma già pienamente attuale»[76]

La libertà nella visione cristiana è questa capacità che il credente in Cristo riceve di ricostruire la comunione interpersonale nell'amore: questa comunione è la Chiesa. La quale ha come statuto la libertà e la dignità dei figli di Dio, nel cuore dei quali, come in un tempio, inabita lo Spirito di Dio.[77]

Il compito della formazione e dell'educazione laicale diventa a questo punto importante per finalizzare il lavoro comunitario nella prospettiva dell'evangelizzazione.

La corresponsabilità dei laici nella Chiesa non è fatta da specialisti, ma da un popolo credente.

Considerate le sfide e le provocazioni che ci provengono oggi dalla società in cui viviamo alla comunità ecclesiale viene richiesto ***un nuovo stile di presenza***, che consiste nello stare insieme alle persone, attraverso uno spirito di fraternità e senza pregiudizi. Ciò richiede il superamento della religione come rito, esteriorità, più una fede intesa

[75] J.D.G. Dunn, *Baptism in the Holy Spirit*: A Re-Examination Of The New Testament Teaching On The Gift Of The Spirit In Relation To Pentecostalism Today, The Westminster Press, Philadelphia 1993, 25 – 26.

[76] L. Bouyer, *La Chiesa di Dio*, Cittadella Editrice, Assisi 1971, 300-301.

[77] Cfr. LG 2. 9.

come sequela di Gesù e del suo messaggio. Conseguenza di questa lettura alterata, "finta", è una chiusura delle comunità, ma va da sé che se si è chiusi non si può riuscire a evangelizzare. Bisogna mettersi alla pari degli altri, oppure si avrà unicamente l'atteggiamento di una missione colonizzatrice, se non si capiscono le ragioni dell'altro, infatti non ci può essere fraternità. È nella gratuità che è necessario scoprire la novità di una comunità corresponsabile. In altri termini propri i laici sono chiamati ad essere il cuore pensante della Chiesa per indicare le prospettive di speranza a cui indirizzarsi.

Ci si accorge lentamente che la gente non passa più dalla comunità cristiana, il riferimento alla parrocchia diventa sempre più labile, il pensiero della Chiesa sui fatti della vita è messo tra parentesi e nella comunità cristiana mentre crescono le specializzazioni, diminuiscono i cristiani adulti nella fede, diminuiscono le famiglie radicate nell'azione evangelizzatrice. Certi rifugi nel privatismo e nel devozionismo appaiono come logica conseguenza. Per questo è necessario rilanciare il tutto attraverso

- la ricchezza di autentiche relazioni fraterne;
- itinerari di conversione nell'ascolto della Parola e di discernimento comunitario per vivere la fede nel quotidiano;
- scuole di vita cristiana che esprimano, nella corresponsabilità con i pastori e le altre componenti del popolo di Dio, come efficace e credibile testimonianza del Vangelo nella società.

Le nuove sfide, che anche in campo educativo interpellano le aggregazioni ecclesiali, esigono di puntare su obiettivi e contenuti di rinnovata tensione spirituale e formativa, da inserire nel cammino pastorale come servizio alla vita di tutti.

Una seria e attenta programmazione, frutto del discernimento comunitario e della corresponsabilità tra laici e presbiteri, può determinare la scelta e, oserei dire, la svolta di una vera e nuova evangelizzazione.

Capitolo Terzo

MARIA DONNA LAICA

In tutta l'esperienza della vita di Maria appare chiaramente il suo essere laica poiché la sua vicenda terrena coniuga il rapporto fede/vita nelle diverse realtà in cui è chiamata e nelle circostanze più disparate. Come, infatti, Gesù con la sua incarnazione è entrato nella storia e nelle diverse vicende umane, così Maria diventa donna con il suo impegnarsi ad essere completamente incarnata non solo nella vicenda di Cristo e della sua famiglia, ma a condividere le gioie e le speranze dell'intera umanità. In tutti i suoi tratti appare completamente innestata a non dividere mai la sua esperienza di fede da quella degli uomini e similmente ad essere freccia indicatrice di tutta la scelta che la comunità ecclesiale può realizzare.

Ella non ha mai perso il senso della sua laicità tanto è vero che non si evince nessun aspetto di clericalizzazione dai suoi atteggiamenti. Anche nei tratti più difficili della sua esperienza di vita, Maria mostra di essere donna e madre senza distaccarsi mai dal nucleo fondato da Gesù, quella comunità itinerante prepasquale, ma di esserne a pieno titolo parte integrante e al suo servizio.

In tal modo Maria ha elevato la dignità della donna riabilitando il disastro verificatosi alle origini, distaccandosi dalla mentalità integralista ebraica e delineandone le prospettive evangelizzatrici per le generazioni future, proprio a cominciare dal suo essere donna e persona nello stesso tempo. Infatti, come nel racconto sacerdotale della creazione (Gen 1,10-31) si evidenzia che, mentre per ogni cosa Dio stesso ritiene di aver compiuto qualcosa di buono, ciò non si verifica per l'uomo. Ecco perché decide di fare qualcosa di simile che gli corrisponda.

> «La donna è creata per-essere-con l'uomo; in altri termini, nel pensiero creatore di Dio la realtà umana non è rappresentata da un solo

sesso, essa è maschile-femminile in un rapporto di complementarietà e reciprocità».[1]

Così Maria realizza e completa per l'umanità nella sua vicenda quel rapporto di complementarietà e reciprocità che sono necessari a rendere visibili i "munus" battesimali profetico, sacerdotale e regale. Maria è una donna consacrata secondo i criteri di una *religiosità secolare e battesimale* che la caratterizza in funzione di una scelta funzionale per l'uomo, attraverso il servizio svolto nei confronti di Dio e del mondo per il bene di tutti.

In questo Maria è immagine perfetta di ciò che la Chiesa è chiamata a concretizzare. Non una consacrazione celebrativa, ma un'incarnazione del Cristo nelle diverse vicende umane. L'incarnazione di Cristo, infatti, non è uno strumento dell'esaltazione di Dio, ma del suo amore-agapico che si realizza per mezzo di una donna. Questo mezzo è attuabile ancora oggi proprio con l'ausilio dei cristiani che non sono chiamati ad esaltare il loro Dio con manifestazioni eclatanti e rivelandosi dei sottomessi, ma proprio con l'agape che mostra la dimensione del gratuito che in Maria trova la sua concretizzazione più alta.

> «Perciò è il modello della Chiesa, non semplicemente perché fa da *paradigma di riferimento,* come ogni modello, ma perché ciò che accade ontologicamente in lei, nella sua persona e nella sua vita, *genera* la Chiesa e concorre a farla nascere».[2]

3.1 La prospettiva della comunione e della missione

Come è possibile affrontare queste situazioni e quali modelli ecclesiologici dovremmo proporre per individuare un'evangelizzazione missionaria e con una forte accentuazione del laicato in sintonia con i sacerdoti in questo lavoro collaborativo?

[1] G. Boscolo, *La sua carità in noi è perfetta*, in *Servizio della Parola*, 439 (2012), 148 - 149.

[2] A. Staglianò, *Cristianesimo da esercitare. Una nuova educazione alla fede*, Edizioni Studium Roma, Roma 2007, 183-184.

Proviamo ad individuarne tre che possono essere punto di riferimento per rilanciare la dimensione ecclesiologica nello spirito della Chiesa-comunione del Vaticano II.

> «Andate e ammaestrate tutte le nazioni, battezzandole nel nome del Padre, del Figlio e dello Spirito Santo, insegnando loro ad osservare ciò che vi ho comandato. Ecco io sono con voi tutti i giorni fino alla fine del mondo» (Mt 28, 19)

Questo è il compito affidato alla Chiesa[3]: la missione che è la sua vera vocazione[4]. La Chiesa è fatta per evangelizzare[5] e comunicare la fede significa parlare all'uomo di ogni tempo. Se quanto affermato è valido per la Chiesa universale e per quella locale[6], lo è anche per ogni comunità parrocchiale[7] che ha il compito di attualizzare la Chiesa in un territorio particolare[8] divenendo lo spazio concreto in cui attuare la mis-

[3] «La Chiesa che vive nel tempo è per sua natura missionaria, in quanto è dalla missione del Figlio e dalla missione dello Spirito Santo che essa, secondo il piano di Dio Padre, deriva la propria origine» (AG 2).

[4] «Il popolo di Dio, costituito da Cristo per una comunione di vita, di carità e di verità, è pure da Lui assunto ad essere strumento della redenzione di tutti, e quale luce del mondo e sale della terra (Cfr Mt 5,13-16) è inviato a tutto il mondo» (LG 9).

[5] «Evangelizzare è la grazia e la vocazione propria della Chiesa, la sua identità più profonda» (PAOLO VI, *Evangelii* ..., cit., 14). «Se la Chiesa cessasse di evangelizzare mancherebbe al suo principale dovere e al motivo per cui è stata istituita; perciò; in pratica cesserebbe di essere». (GIOVANNI PAOLO II, *Redemptoris* ..., cit., 2). «La missione riguarda tutti i cristiani, tutte le diocesi e parrocchie, le istituzioni e associazioni ecclesiali». (GIOVANNI PAOLO II, *Redemptoris* ...., cit., 49) «Il Signore Chiama sempre ad uscire da se stessi, a condividere con gli altri i beni che abbiamo, cominciando da quello più prezioso che è la fede». (GIOVANNI PAOLO II, *Redemptoris* ..., cit., 49).

[6] «La Chiesa particolare, dovendo riprodurre alla perfezione l'immagine della Chiesa universale, abbia la piena coscienza di essere inviata a coloro che non credono in Cristo e convivono nello stesso territorio, per costituire, con la testimonianza di vita dei singoli fedeli e della comunità tutta, il segno che addita loro il Cristo» (AG 20).

[7] «Le parrocchie organizzate localmente e poste sotto la guida di un pastore che fa le veci del vescovo: esse rappresentano in certo modo la Chiesa visibile stabilita su tutta la terra» (SACROSANTUM CONCILIUM, *Costituzione sulla Liturgia*, in *Enchiridion Vaticanum*, I, Edizioni Dehoniane Bologna, Bologna 1993, 344-433, 42. D'ora in poi SC).

[8] «La comunità ecclesiale, pur avendo sempre una dimensione universale trova la sua espressione più immediata e visibile nella parrocchia: essa è l'ultima localizzazione della Chiesa, è in un certo senso la stessa Chiesa che vive in mezzo alle case dei suoi figli e delle sue figlie». (GIOVANNI PAOLO II, *Esortazione apostolica, Christifideles Laici,* Libreria Editrice Vaticana, Città del Vaticano 1988, 26).

sione affidata dal Signore alla comunità ecclesiale[9]. La parrocchia rimane un importante punto di riferimento sia per il popolo cristiano che per i non praticanti.[10] In questi ultimi tempi si è avanzato il dubbio circa la validità di questa istituzione, per le numerose ombre che l'epoca attuale presenta[11]. Nello stesso tempo proprio dalle comunità ecclesiali cresce l'anelito di autenticità, prossimità e solidarietà che sono potenzialità da accogliere e da orientare. In realtà oggigiorno non solo si mostra la sua importanza, ma nello stesso tempo si accresce il ruolo ad essa attribuito con un'attenzione al cambiamento in quanto, oltre al suo indubitabile valore religioso, essa è nello stesso tempo luogo educativo e di crescita, oltre che di accoglienza di persone anche non cristiane.[12]

[9] «La parrocchia non può ridursi al culto e tanto meno all'adempimento burocratico delle varie pratiche. Bisogna che nasca una parrocchia missionaria di credenti che si pongano come soggetto sociale nel proprio territorio» (A. Fallico, *Le cinque piaghe della parrocchia italiana*, Ed. Chiesa-Mondo, Catania 1995, 26).

[10] «La comunità parrocchiale deve restare l'animatrice della catechesi e il suo luogo privilegiato. ... Alcuni hanno accettato con eccessiva facilità che essa fosse giudicata sorpassata, se non addirittura destinata a sparire, a vantaggio di piccole comunità più adatte e più efficaci. Lo si vogliano o no, la parrocchia resta un punto capitale di riferimento per il popolo cristiano, e anche per i non praticanti. Il realismo e il buon senso, perciò consigliano di continuare per la strada che tende a restituire alla parrocchia, dove sia necessario, strutture adeguate e, sopratutto un nuovo slancio grazie al crescente inserimento in essa di membri qualificati, responsabili e generosi… Essa deve trovare la propria vocazione, che è quella di essere una casa di famiglia, fraterna e accogliente, dove i battezzati e cresimati prendono coscienza di essere popolo di Dio». (Giovanni Paolo II, *Catechesi* ..., cit., 67).

[11] «Come tacere l'indifferenza religiosa che porta molti uomini d'oggi a vivere come se Dio non ci fosse… la perdita del senso trascendente dell'esistenza umana … lo smarrimento dei valori fondamentali del rispetto della vita e della famiglia… toccati dall'atmosfera di secolarismo e relativismo etico?». (Giovanni Paolo II, *Tertio millennio* ..., cit., 36).

[12] «La parrocchia unita e fervente diventa allora il terreno d'elezione delle virtù che devono animare le relazioni umane, e per eccellenza il campo d'azione delle iniziative caritatevoli e sociali che suppliscono agli inevitabili limiti delle organizzazioni ufficiali. (…) Nella nostra società tragicamente divisa, la parrocchia, per di più non è una scuola di pace e di giustizia sociale, essa che invita tutti i suoi fedeli senza distinzione a unirsi attorno al suo altare? Là intellettuali e illetterati, poveri e ricchi, datori di lavoro e salariati s'incontrano su un piede di uguaglianza cristiana. Infine, la parrocchia è cellula sociale perché è il centro della preghiera pubblica. In mezzo all'agitazione delle masse e alla dissipazione degli spiriti, in un'atmosfera inaridita dalle preoccupazioni temporali, la Chiesa parrocchiale, dove il popolo si riunisce per

La ricerca di una nuova prospettiva di evangelizzazione che riparta dalla comunità ecclesiale in cui il ruolo laicale diventa fondamentale appare oggi ineludibile. Le tre proposte potrebbero essere attuabili, anche se in contesti diversi, ma non potrebbero mai realizzarsi se non si rilancia la dimensione della corresponsabilità pastorale tipica del laicato.

1) *Prima ipotesi – Le CEB*

Questa ipotesi di proposta mira essenzialmente a far riacquistare l'identità della comunità parrocchiale nella prospettiva della comunione e della missione e non come essere esclusivo luogo di culto per permettere alla stessa di passare proprio dal tempio alla strada.[13]

Per fare ciò e perché il tutto possa realizzarsi si indica la necessità di creare, oltre la parrocchia, dei *centri* che siano punto di riferimento sul territorio per un'evangelizzazione più incisiva e che producano una testimonianza e un rinnovamento di vita cristiana. Il passaggio dal tempio per andare incontro all'uomo attraverso una pastorale di missione richiede che la comunità ecclesiale poggi su un laicato motivato e disposto a convertirsi e a convertire. Infatti, è inconcepibile pensare l'esperienza di una parrocchia senza che i suoi membri siano soggetti attivi, anche se tante volte si corre il rischio, nei laici, di una paura che li porti alla clericalizzazione preferendo rimanere soggetti passivi, e, nel clero, di accentramento che li spinga a servirsi dei laici solo per supplenza.

È necessario che il laicato comprenda di essere e fare Chiesa.

Per fare ciò è necessario che la parrocchia pensi a coloro che sono lontani leggendo i segni dei tempi; non sia indifferente di fronte alle problematiche sociali ma incarni il Vangelo in ogni situazione; sappia abbandonare le antiche tradizioni per trovare nuovi metodi pastorali che

dar gloria a Dio e implorare la sua grazia per mezzo di Cristo, e per l'intera società un'arca di salvezza". (*La paroisse, cellule de l'ordre social, Lettre de S. Exc. Mgr. Montini à S Em. Le Cardinal Léger (18.7.1953),* in *La Documentation Catholique,* XXXV (1953), 155 ; trad. it. *in La Scuola Cattolica,* LXXXI (1953), 555-559)

13 Cfr A. FALLICO, *Dal tempio alla strada una parrocchia sulle piste del Concilio,* Edizioni Chiesa Mondo, Catania 1999; *Parrocchia diventa ciò che sei. Riflessione teologico-pastorale sulla centralità della parrocchia,* Edizioni Chiesa Mondo, Catania 2003; *Sulle orme del buon pastore. Breviario di spiritualità pastorale per presbiteri e laici,* Edizioni Chiesa Mondo, Catania 2006; *Pedagogia pastorale. Questa sconosciuta,* Edizioni Chiesa Mondo, Catania 2010.

con slancio missionario si inseriscano nei vari ambienti della società; non si fossilizzi nel difendere quel che le rimane ma sia aperta a tutti, per passare da un cristianesimo insignificante e ripetitivo fatto di riti a uno motivato e propositivo che entra in dialogo con tutti.[14]

Per fare ciò i parroci devono incoraggiare i laici alla formazione e, dall'altro canto i laici devono lasciarsi guidare dallo Spirito a vantaggio del bene comune.

La catechesi nelle parrocchie non fa presa perché mancano strumenti adatti, luoghi adeguati e un linguaggio comprensibile all'uomo d'oggi: non sempre i cristiani praticanti conoscono i contenuti fondamentali del cristianesimo,[15] mentre altri si avvicinano solo in caso di ricezione di sacramenti, e infine ci sono coloro che si ritengono atei o di altre religioni che non hanno alcun rapporto con la parrocchia.

Ci si basa in molti casi sulla tradizione e non sulla convinzione. Per questo è necessario che un'azione evangelizzatrice innesti i valori evangelici nella cultura della globalizzazione combattendo il relativismo che distrugge gli ideali e porta verso interessi personali di vario genere. Molti nelle nostre parrocchie, infatti, vivono una fede a livello sacramentale e devozionale nei confronti della Madonna e dei Santi senza porre attenzione alla Parola di Dio. Inoltre ci sono anche cristiani che praticano la magia e lo spiritismo, che sono in contrasto con la fede.

[14] «La costituzione sulla Chiesa nel mondo contemporaneo richiede che tutta la teologia rivesta un *carattere pastorale*, nel senso che deve essere una teologia impegnata nella soluzione della problematica contemporanea e continuamente emergente, una teologia sostanziata della Parola di Dio e della fede della Chiesa e a ciò finalizzata, in modo da essere utile agli operatori ed operatrici pastorali e da essi utilizzabile nella loro multiforme utilità. ... Secondo l'*Ad gentes* è compito della ricerca teologica aiutare le Chiese locali ad assumere criticamente gli elementi validi presenti nelle consuetudini e nelle tradizioni, nel sapere e nella cultura, nelle arti e nelle scienze dei popoli in cui esse sono radicate. È l'impegno chiamato *inculturazione-acculturazione*» (M. Midali, *Teologia pratica, I, Cammino storico di una riflessione fondante e scientifica* 3 ed, Las, Roma 2000, 157-158).

[15] «La conoscenza dei contenuti di fede è essenziale per dare il proprio assenso, cioè per aderire pienamente con l'intelligenza e la volontà a quanto viene proposto dalla Chiesa. La conoscenza della fede introduce alla totalità del mistero salvifico rivelato da Dio. l'assenso che viene prestato implica quindi che, quando si crede, si accetta liberamente tutto il mistero della fede, perché garante della sua verità è Dio stesso che si rivela e permette di conoscere il suo mistero di amore» (Benedetto XVI, *Motu proprio, Porta ...*, cit., 10).

Questa ignoranza religiosa non sa distinguere il messaggio fondamentale del cristianesimo. Una parrocchia non può essere tranquilla quando alla fedeltà al culto non corrisponde una coerenza nella vita quotidiana.

Essendo necessaria questa fede adulta la parrocchia deve coltivare il dono della fede nel territorio passando da un consenso della mente a una maturazione comunitaria di vita. Sono pochi gli adulti che seguono la catechesi che è quasi sempre guidata dal parroco, e tante volte è estemporanea nei metodi e nei contenuti. La parrocchia deve porre maggior attenzione al mondo degli adulti progettando itinerari formativi anche per coloro che non hanno una formazione adeguata al loro stato, non aspettando che siano essi a ritornare in Chiesa.

Come si pone la comunità parrocchiale nei confronti del mondo? Se si pone al di sopra accumula privilegi, potere ricchezze e non si mette al servizio; se si chiude nelle sue sacrestie o si colloca accanto al mondo con un atteggiamento di ostilità avrà una concezione negativa del mondo perché lo vedrà come avversario e verrà meno alla sua missione.

L'atteggiamento indicato dal Concilio Vaticano a II è quello di essere nel mondo per essere il luogo teologico dove Dio s'incarna in Gesù Cristo per abitare tra gli uomini.[16] È proprio nell'uomo che la comunità parrocchiale deve vedere la via della Chiesa e la nuova dimensione dell'azione pastorale dell'evangelizzazione.

Un'altra realtà importante da tener presente è il superamento della formalità religiosa fondata sui riti e sulla triade catechesi-liturgia-carità che si realizza all'interno della parrocchia, per passare a evangelizzazione-solidarietà-soggettività ecclesiale e sociale che si effettua verso l'esterno. Perché ciò avvenga bisogna che i laici abbiano una formazione socio-politica per il loro impegno di testimonianza. La parrocchia deve realizzare un legame tra evangelizzazione e progresso umano superando due tentazioni: la prima di non fossilizzarsi sul culturalismo, ma essere aperta al mondo sociale, economico, politico, culturale; la seconda è quella di superare la dicotomia tra fede e vita.

[16] «Le gioie e le speranze, le tristezze e le angosce degli uomini d'oggi, dei poveri soprattutto e di tutti coloro che soffrono, sono pure le gioie e le speranze, le tristezze e le angosce dei discepoli di Cristo, e nulla Vi è di genuinamente umano che non trovi eco nel loro cuore. La loro comunità, infatti, è composta di uomini i quali, riuniti insieme nel Cristo, sono guidati dallo Spirito Santo nel loro pellegrinaggio verso il regno del Padre, ed hanno ricevuto un messaggio di salvezza da proporre a tutti. Perciò la comunità dei cristiani si sente realmente e intimamente solidale con il genere umano e con la sua storia». (GS 1)

Da ciò deriva l'attenzione al mondo del lavoro e dell'economia, confrondosi con la cultura odierna in modo particolare con le agenzie educative del territorio recuperando la solidarietà e la legalità. La solidarietà ha come conseguenza la carità affinché la comunità parrocchiale si faccia carico della difesa dei più deboli.

In questo modo si può passare dall'isolamento alla collaborazione anche con le altre parrocchie della zona pastorale e con gli enti esistenti nel territorio.

Per far sì che ciò avvenga è necessario che nelle parrocchie cominci a prendere piede una multiforme ministerialità laicale al fine di non identificare la parrocchia col parroco e il suo agire con l'operato del pastore. Senza però dimenticare che è necessario che l'azione pastorale tenga presente nel cammino di fede la trasformazione della società civile in civiltà dell'amore attraverso il recupero della solidarietà e della legalità.

La solidarietà è il primo modo di esprimersi della carità, che è innato nella Chiesa in quanto mistero di comunione, e significa interessarsi dell'altro perché tutti si sentano responsabili di tutti e insieme si affrontino i problemi. In questo discorso si inserisce la legalità, che esprime l'impegno per la giustizia. Infatti, la legalità è non solo far rispettare le leggi, ma anche far sentire la propria voce quando le leggi vanno contro i valori della persona.

Una pastorale che non tenga presente l'impegno sociale attraverso la solidarietà e la legalità appare monca nel suo impegno di socialità suo territorio.

Si tratta di vedere in che modo la parrocchia deve svolgere queste azioni.

Il post Concilio ha creato e fatto emergere le nuove associazioni laicali come aggregazioni con una loro specifica spiritualità da cui scaturiscono varie modalità di vivere la vita cristiana. Anche i movimenti rispecchiano l'originalità dell'esperienza conciliare fondandosi molto più sulla spontaneità.

Ciò che associazioni e movimenti sono chiamati a realizzare è l'incarnazione attraverso una presenza nel mondo per rilanciare la fede, approfondendo le verità dogmatiche e puntando ad esperienze di vita come incontro con Cristo.

Spesso accade che sia le associazioni che i movimenti pongono troppa importanza ai propri leader carismatici staccandosi dalla vita della comunità parrocchiale. Infatti le aggregazioni laicali oggi sembrano trovarsi in quattro posizioni di carattere pastorale:

- coloro che propongono l'itinerario di fede attraverso la Bibbia, la preghiera e la liturgia rimanendo nell'ambito dello spiritualismo;
- coloro che propongono la strategia dell'autoreferenzialità riproponendo una sorta di integralismo;
- coloro che intendono distaccare le realtà spirituali da quelle temporali finendo per scivolare nel secolarismo globalizzato;
- coloro che intendono mettersi al servizio dell'umanità per essere sacramento universale di salvezza e lievito che fermenta la massa del mondo diventando mediazionisti.

Sembra oggi piuttosto necessario che le associazioni e i movimenti ecclesiali mettano i propri carismi a servizio della Chiesa per realizzare il piano pastorale della diocesi e della parrocchia di appartenenza.

Non basta l'ascolto della parola di Dio per risolvere i problemi del mondo ma bisogna considerare il rapporto Chiesa-mondo.

La parrocchia può offrire nuovi orientamenti proposti dal Concilio Vaticano II solo se si presenterà come ovile del popolo di Dio, casa, vigna e famiglia,[17] potrà essere dimora che accoglie e promuove antiche e nuove aggregazioni laicali. La comunità parrocchiale deve assumersi il compito di essere animatrice della ministerialità laicale attraverso la compresenza e la corresponsabilità di tutte le associazioni.

Una pastorale parrocchiale che è missionaria sul territorio si fa carico dei problemi materiali e spirituali della gente. Perché ciò sia possibile sono auspicabili in parrocchia diverse comunità animate da laici responsabili e formati che s'impegnino nell'evangelizzazione in stretta comunione con i presbiteri, e il parroco in specie.

Tutti devono essere parte integrante del progetto parrocchiale perché devono sentirsi membri dell'unico corpo ecclesiale. Se si tradisce l'ecclesialità, l'autonomia di un'aggregazione blocca il progetto pastorale unitario.

Il sacerdote, parroco o collaboratore che sia, potrebbe essere complice di questa sopraffazione dell'aggregazione sulla parrocchia. Infatti, potrebbe accadere che il parroco si trovi a lavorare con difficoltà per la presenza di aggregazioni che, non agendo in armonia, rallentano la vita

[17] LG 1.

della parrocchia. Egli, in tali contesti è tenuto a richiamare ed educare le aggregazioni ai criteri di ecclesialità: quali la vocazione alla santità, la missionarietà ecclesiale, l'impegno sociale e pastorale proposto dal consiglio pastorale perché il gruppo faccia scelte in base al carisma riconosciuto dalla Chiesa e s'inserisca nel cammino della parrocchia.

A dire del Concilio Vaticano II la pastorale coincide con la vita stessa della Chiesa e descrive la Chiesa nel suo essere e operare.

Anche il sacerdote-parroco ha un ruolo fondamentale, poiché deve considerare la parrocchia come fosse la sua famiglia facendo di essa la sua dimora quotidiana e il motivo della sua vita; conoscere tutte la persone che le sono state affidate sia quelle vicine quanto quelle lontane; ascoltare, seguire e sentire il desiderio di una nuova evangelizzazione per non lasciare nessuno nel dubbio e nell'indifferenza.

Le difficoltà che il clero incontra in seno alla parrocchia sono tante e sono di tre tipi: sociologiche, culturali e psicologiche. Il processo di massificazione dovuto alla produzione industriale e al fenomeno dell'urbanizzazione ha cambiato il volto della parrocchia. Alcune zone di periferia sono diventate centrali e altre si sono ridotte a dormitori; il mutamento da una concezione magico-sacrale del mondo a una concezione secolarizzata che spinge a vedere la realtà della vita in maniera più autonoma e responsabile rispetto a Dio, e il passaggio da una società uniforme e piramidale a pluralista e democratica. Le grandi trasformazioni non partono solo dal vertice ma anche dalla base. C'è il desiderio di essere attori della propria vita sociale e religiosa e i parroci devono proprio insieme ai laici aiutare le persone a prendere coscienza delle realtà mutate e responsabilizzarsi.

Questi mutamenti sociologici condizionano anche la vita religiosa di un popolo perché la Chiesa è nella società. In passato spesso il clero assumeva un atteggiamento autoritario creando così parrocchie con strutture rigide e un culto con una spiritualità devozionistica. Il parroco chiuso nella sua parrocchia ha rischiato di rimanere isolato limitandosi a conferire i sacramenti e, accentrando in sé l'attività pastorale, è stato concausa di un'aridità pastorale e una conseguente crisi vocazionale.[18]

[18] «Il prete, un tempo non lontano, da molti veniva considerato primariamente o come un tuttofare nella e per la cura delle anime, o come l'uomo del culto sacro: più un liturgo che un vero e proprio pastore. Di conseguenza il munus sacerdotale, strettamente legato a quello regale e profetico, di solito veniva concepito ed esercitato

Se si vuole rinnovare la parrocchia perché possa rispondere ai bisogni e agli interrogativi dell'uomo d'oggi bisogna aprirsi al laicato detentore di carismi e ministeri dati dallo Spirito.

Tutto ciò si esprime nel progetto pastorale *Chiesa-Mondo* dove la comunità evangelizza con l'aiuto del laicato nel territorio.

Per realizzare la comunione sono necessari piccoli gruppi di Chiesa da far crescere nel territorio parrocchiale che non devono essere chiusi ma fermento. Tali gruppi sono le cellule o comunità ecclesiali di base. Esse sono un nuovo modo di essere Chiesa per operare nei palazzi e nelle case dei quartieri.

Le CEB si possono definire:

- articolazioni più piccole di Chiesa con responsabilità territoriale affidata dal parroco;
- vasi capillari nel corpo della parrocchia;
- ramificazioni della comunità parrocchiale.[19]

Il laicato è necessario per la rievangelizzazione in quanto ha una dimensione ministeriale.

Le CEB dislocate sul territorio parrocchiale diventano palestre di formazione cristiana. In esse i laici sono veri evangelizzatori nella duplice dimensione ministeriale di animatori e coordinatori delle varie comunità.

Il territorio è visto come luogo teologico ove Cristo presiede la Chiesa con la sua croce e la sua risurrezione per la salvezza integrale dell'uomo: spirituale e sociale. La comunità parrocchiale assume il Vangelo come forza liberante della storia attraverso le coordinate annuncio, denuncia intervento.

L'esistenza di tante CEB fa sì che la parrocchia sia una presenza viva sul territorio, luogo di evangelizzazione e promozione umana, soggetto sociale che mira alla fraternità universale.

in maniera esclusivamente tecnica. Queste concezioni alquanto ibride col tempo si riversano anche sulla presenza impegnata dei laici nella pastorale della Chiesa, a partire da quella parrocchiale» (A. FALLICO, *Sulle orme ...*, cit., 61)

[19] «Le comunità ecclesiali di base sparse in ogni dove, dentro i vasti territori parrocchiali, si stanno palesando come nuove scuole formative gravide di messaggi e contributi vari, per e con una diffusione capillare di valori e di ideali umano-cristiani capaci di costruire nuove culture» (A. FALLICO, *Parrocchia ...*, cit., 73).

Ci vogliono nuovi progetti pastorali attraverso i quali si evangelizza promuovendo e si promuove evangelizzando attraverso un nuovo linguaggio adatto all'uomo d'oggi, camminando sui tre binari della conoscenza, della condivisione e dell'azione.

In questo modo la parrocchia comunione di comunità che evangelizza promuove tutti e vive l'ansia missionaria di raggiungere gli abitanti del quartiere; ha in sé l'esigenza di far nascere nuove comunità come agenzie di evangelizzazione e promozione umana; lotta contro le strutture che schiavizzano l'uomo e inserisce alcuni laici cristiani nelle strutture politiche del quartiere.

2) *Seconda ipotesi – I sei aspetti della conversione pastorale*

Questa seconda ipotesi prende spunto dall'indicazione pastorale di Gino Moro[20] per un rinnovamento della parrocchia a cui si richiede una conversione pastorale. Infatti, ritiene che di fronte al mondo attuale in continua trasformazione per l'allontanamento di tanti battezzati dalla vita ecclesiale della comunità, a causa dell'indifferentismo dovuto alle sette e a una distorsione di gruppi esoterici, senza dimenticare l'incertezza di immissioni di altre religioni, gli operatori pastorali della comunità ecclesiale sono chiamati a una profonda conversione che faccia uscire da un atteggiamento di difese di autogiustificazione per andare incontro alla gente affinché si riscopra la centralità di Dio.

Diventa necessario, quindi, che la stessa comunità ecclesiale si confronti con ogni persona recuperando il mistero e le dimensioni della vita, favorendo il linguaggio dei segni, dei gesti, la bellezza delle celebrazioni e ridando valore all'esperienza spirituale e al primato della persona.

Per questo propone **la conversione teologale** che richiede il primato della Parola. Infatti, dopo una descrizione della situazione dei dati immediati propone un'interpretazione degli avvenimenti alla luce della parola di Dio, attraverso un'esperienza della vita comunitaria nella Chiesa, per scoprire il significato Cristopratico degli stessi inserendoli nel piano della salvezza.

[20] Cfr G. Moro, *Prima che sia troppo tardi. Manifesto pastorale. Sei conversioni urgenti,* Elledici, Torino 2001; *La storia sfida le Chiese. Per una spiritualità evangelizzatrice,* Elledici, Torino 1997.

Ciò richiede in tre tappe:

1. Una prima tappa è detta *kerigmatica* o di convocazione. Si tratta del passaggio dall'anonimato all'esperienza di comunità. In questa tappa la comunità ecclesiale diventa protagonista: attraverso la ricerca dei suoi figli perduti riscopre la paternità del Padre, la fratellanza del Figlio, e lo Spirito come legame che unisce nell'amore. Questa tappa prevede incontri nelle case a gruppi di 15-20 persone per quattro sere consecutive. Si prega, si scambiano le esperienze, si ascolta la Parola di Dio con l'animazione degli operatori parrocchiali. La quinta sera si invita il parroco che risponde alle domande. L'obiettivo è quello di far comprendere che la salvezza di Dio avviene nella fraternità. Di qui nasce la seconda tappa che ha scadenza mensile.
2. Questa seconda tappa possiamo chiamarla *pre-catecumenale*: si passa dall'esperienza di comunità a quella di popolo di Dio. In questa tappa c'è il confronto tra cultura e Vangelo. Si evidenziano i valori e disvalori esistenti nei modi di vivere personali, familiari e collettivi per lasciarsi convertire dalla parola e dalla persona di Cristo. Tale conversione avviene attraverso un percorso di esperienze avendo un primo approccio con la Bibbia come Parola che guida la vita e invita alla preghiera. Si riscopre la fede non come fatto personale ma comunitario e si propone la riscoperta della figura di Cristo. Questa seconda tappa si conclude con un momento fondamentale che si potrebbe definire sinodo parrocchiale. Si tratta di una grande riflessione comunitaria sulla propria vita per scegliere Cristo. Ciò avviene in piccole comunità familiari per poi concludersi in un'assemblea generale presieduta dal vescovo.
3. La terza tappa definita *catecumenale*, indica il passaggio da popolo di Dio a Chiesa organica. Si tratta dell'immagine della Chiesa nella sua novità, originalità e nella sua natura eucaristica e ministeriale. Questa terza tappa si conclude con un momento importante che dura una o due settimane definito Congresso Eucaristico Parrocchiale. Tutta la comunità celebra l'Eucaristia come culmine della sua vita e missione, riscopre nell'Eucaristia l'essere comunità, popolo missionario che attualizza il dinamismo oblativo e ministeriale del "corpo dato e del sangue versato" per la salvezza del mondo. In questa circostanza si verifica l'esperienza pastorale, per definire il "Progetto comunitario" e operare un primo discernimento sui ministeri degli operatori pastorali.

Una prima conversione da attuare sta nello svuotarsi delle proprie attese per rendersi conto che una cosa buona in sé non è necessariamente buona per l'altra. In tal modo ciascuno è invitato a credere che non ci si accosta a Dio come alleato delle nostre buone proposte per gli altri. L'obiettivo è il cogliere che quanto avviene di buono non è limitato a sé o semplicemente al noi, ma deve necessariamente essere valido per gli altri e per il mondo.

Una seconda conversione da attuare è quella della mente o dell'intelligenza. Si tratta di cogliere ciò che è bene per l'altro.

La visione pasquale del mondo espressa dalla *Gaudium et Spes*,[21] è ancora ampiamente disattesa nei ambienti intraecclesiali. Solo l'attitudine profetica che abilita all'esercizio del discernimento applicato alla storia può consentire una corretta relazione Chiesa-mondo. In caso contrario tale relazione sarà inevitabilmente dominativa, insegnando dall'alto e dal di fuori ciò che è astrattamente vero e giusto, mentre occorre convertirsi al discepolato del Dio nella storia, comprendendo il mondo a partire da Dio, incentrando il rapporto nella relazione Cristo-uomo[22] e calandosi nel "momento storico" dell'altro, così la comunità ecclesiale si proietta in una crescita comunitaria.

È a partire da questo presupposto che possiamo discernere cosa Dio chiede, se si ha la presunzione di partire da se stessi offendendo la comunità e Dio. Gesù loda non chi dichiara a parole l'obbedienza, ma chi la realizza di fatto.

> "Respingere consapevolmente questa Chiesa-sacramento visibile è senz'altro rifiutare Cristo come Mediatore, è tagliarsi fuori su tutti i piani dal *Corpo del Signore;* perché proprio il Signore ha voluto questa forma concreta di incorporazione e l'ha situata nel tempo e nello spazio affinché tutti gli uomini, nella misura delle loro possibilità, e dunque con il cuore, si affrettino ad aderirvi".[23]

[21] «Il mondo che i cristiani credono creato e conservato in esistenza dall'amore del Creatore: esso è caduto, certo, sotto la schiavitù del peccato, ma il Cristo, con la croce e la risurrezione ha spezzato il potere del Maligno e l'ha liberato e destinato, secondo il proposito divino, a trasformarsi e a giungere al suo compimento» (GS 2).

[22] Cf K. Rahner, *Rapporto tra natura e grazia,* in *Saggi di antropologia soprannaturale,* Gregorian University, Roma 1965, 43-78, 69.

[23] G. Philips, *La Chiesa e il suo mistero nel Concilio Vaticano II. Storia, testo e commento della Costituzione Lumen Gentium,* I – II, Jaca Book, Milano 1969, 82.

È la conversione pastorale o dell'azione di tutto il popolo di Dio.[24] Appare chiara la prospettiva evangelizzativa nella visione di una Chiesa-comunità-missionaria. Si realizza il binomio pastorale che non solo concretizza quello di comunità-ministeri, ma di comunità ecclesiale allargata-nuova evangelizzazione. Infatti,

> «la prima vocazione di una **comunità allargata** è il servizio gratuito nelle diverse realtà del territorio e con una finalità mirante a creare un'attenzione verso le stesse che attualmente esigono di essere evangelizzate. La crisi educativa di cui oggi risentono i giovani rivela spesso una mancata evangelizzazione delle diverse realtà e nei più disparati luoghi. Oggi c'è bisogno di un nuovo stile di vita nella comunità ecclesiale, perché queste diventino attive e non stereotipate in uno stretto rapporto tra giovani e adulti. In questo modo l'adesione non può essere patrimonio personale o proposta spontanea o emotiva. Al contrario, l'azione pastorale dell'evangelizzazione scaturisce come *figlia* da quell'itinerario ecclesiale in cui tutti devono sentirsi corresponsabili".[25]

Una terza conversione è l'operatività nella carità. Si tratta di mettere in evidenza che la carità è una forza trasformante per evidenziare le

[24] "Indichiamo, a partire dalla nostra esperienza, un'articolazione di *ministerialità allargata* a livello parrocchiale, in cui c'è spazio per tutti:
– rete dei messaggi o visitatori familiari (uno ogni 10 – 12 famiglie);
– équipe redazionale della lettera alle famiglie;
– équipe per i messaggi e i cartelloni;
– équipe di coordinamento zonale e parrocchiale;
– équipe di promozione della pastorale moltitudinaria e della religiosità popolare;
– coordinatori, moderatori e segretari delle piccole comunità parrocchiali;
– moderatori e segretari delle assemblee zonali e parrocchiali;
– consiglio pastorale parrocchiale;
– équipe parrocchiale di animazione pastorale;
– équipes parrocchiali per la pastorale familiare, giovanile, professionale;
– équipe per la catechesi dei bambini, ragazzi e adolescenti;
– équipe per la catechesi presacramentale degli adulti;
– équipe per l'animazione delle celebrazioni liturgiche domenicali e festive;
– équipe per il decoro e la pulizia del tempio;
– équipe parrocchiale e diverse sub-èquipes specifiche;
– équipe parrocchiale per gli affari economici;
– équipe tecnica" (G. MORO, *Prima che sia ...*, cit., 61-62).

[25] A. RUCCIA, *La corresponsabilità ...*, cit.

relazioni fra gli abitanti del territorio. Il fondamento teologico riscontrabile nella Trinità permette di rivedere lo stile relazionale come strumento di amore. Questo è un presupposto indispensabile perché

> «ci è difficile convertirci sull'esempio di Gesù, che come evangelizzatore forse ne sapeva qualcosa, divorato com'era dalla carità di Dio e non dalle idee. Egli sempre metteva al centro della sua azione la relazione misericordiosa, perché al vertice della verità di Dio c'è il suo partire dall'uomo, attraverso la κενοσίς del Figlio: il suo incarnarsi, il suo farsi Servo, il suo offrirsi in dono crocifisso».[26]

Si tratta di essere collaboratori di un regno completamente nuovo. Non si tratta di far parte di uno stato sovrano con ministri e generali che diventano stipendiati di lusso di un sistema che regola le vicende degli abitanti di un territorio, ma persone *in marcia* che si sforzano di ripercorrere e riproporre, tentando di sbagliare quanto meno possibile, i passi del Maestro di Nazaret.

> «Anche oggi i cristiani, in una società globalizzata, sono chiamati, non solo con un responsabile impegno civile, economico e politico, ma anche con la testimonianza della propria carità e fede, ad offrire un contributo prezioso al faticoso ed esaltante impegno per la giustizia, per lo sviluppo umano integrale e per il retto ordinamento delle realtà umane. L'esclusione della religione dalla vita pubblica sottrae a questa uno spazio vitale che apre alla trascendenza. Senza quest'esperienza primaria risulta arduo orientare le società verso principi etici universali e diventa difficile stabilire orientamenti nazionali ed internazionali in cui i diritti e le libertà fondamentali possano essere pienamente riconosciuti e realizzati, come si propongono gli obiettivi – purtroppo ancora disattesi o contraddetti – della Dichiarazione Universale dei diritti dell'uomo del 1948».[27]

Questo significa:

«–acquisizione di uno stile di dialogo e di misericordia, ossia un dialogo con le culture, con le realtà, con le persone, che non si limiti a essere strumento di confronto e di rapporto di tipo contrattualistico,

[26] G. Moro, *Prima che ...*, cit., 75.

[27] Benedetto XVI, *Libertà religiosa, via della pace. Messaggio per la Giornata Mondiale della Pace 2011,* Libreria Editrice Vaticana, Città del Vaticano, 2011, 7.

ma accettando il principio di stimare ed amare l'altro termine del dialogo (la misericordia), divenga davvero fermento di condivisione, solidarietà, partecipazione;
– acquisizione di uno stile di accoglienza: non abbiamo nemici da combattere né concorrenti con i quali gareggiare, ma amici e compagni di strada da riconoscere, e insieme con essi e facendoci accettare, valorizzare le cose buone e lasciar cadere e disinnescare le cattive;
– sentirsi parte di un popolo pellegrino: con una meta ben chiara, per la quale vale la pena di mettersi in marcia, con un senso della provvisorietà e contingenza delle situazioni attraversate, ma anche con un rapporto di contratto e di amore con il territorio e con la gente incontrata per strada e con viva solidarietà con chi cammina a fianco; l'idea del pellegrinaggio mette al riparo da fughe in avanti, da sete di potere, da inimicizie violente, e dà senso e misura anche all'azione momentaneamente più impegnata».[28]

La storia di Gesù ci chiede, fin dall'inizio, di non limitarci ad attendere per operare, ma a metterci alla ricerca per proporre l'annuncio della lieta notizia del Vangelo. È la prima svolta di cui oggi la comunità ecclesiale deve essere convinta. **Non bisogna essere Chiesa dello strascico ma comunità trascinante.** L'evangelizzazione non sarà mai produttiva se si opererà con una pastorale dell'attesa nella speranza che *qualcuno precipiti nella rete*. Al contrario, solo se la stessa proporrà un cammino di "liete notizie", scorgeremo già che *oltre il lago* c'è un Maestro che non impone, ma propone di stare con lui per portare lieti *annunzi*, anche dove potrebbe sembrare inimmaginabile.

È la comunità della **nuova evangelizzazione** che non dipende né dall'arte retorica dei predicatori accattivanti, né dai tanti prudenti pastori che cercano di rimandare quotidianamente le decisioni. È una **comunità in relazione che** si realizza attraverso la fecondità della sofferenza, la comunione e la passione che Gesù ha mostrato nei confronti del Padre e nella dimensione di amore verso il popolo. È la comunità delle luci nuove che cammina anche di notte e che promuove la pace. Non si nasconde dietro le strategie diplomatiche del politichese e non accetta

[28] A. Bello, *Insieme alla sequela di Cristo sul passo degli ultimi. Parte seconda: gli operatori della parola*, in *Diari e scritti pastorali,* Mezzina, Molfetta 1993, 244-245.

la logica delle atomiche. È la Chiesa delle cose concrete che si pone accanto a chi non vive più nemmeno uno straccio di dignità personale.

Ogni volta che la comunità avrà contribuito a togliere dalla strada una donna che vende se stessa; ogni volta che non avrà lasciato solo un anziano e abbandonato un bambino; ogni volta che non avrà accettato passivamente ciò che i *media* propinano come verità continuando a denigrare poveri ed oppressi; ogni volta che si sarà alzata da tavola per andare a trovare chi vive nei quartieri bidonville delle città, avrà costruito *la Chiesa della luce nuova* (cfr Mt 5).

Una Chiesa che non si spegne al mattino e s'accende senza consumi anche di notte, perché c'è sempre un posto nel cuore di crede che Gesù ha salvato l'umanità con un atto d'amore.

Una carità dal cuore missionario, che si sente spinta dall'urgenza divina ad abbattere barriere e a spingere i traguardi dello zelo apostolico a tutti gli uomini, a tutte le razze, a tutte le nazioni, a tutte le classi. È una carità che assume un valore ecumenico verso tutti i fratelli e le sorelle delle confessioni cristiane.

Si tratta di "partire dall'altro", dalla sua esperienza, dalle sue precomprensioni e anche dalle sue ambiguità. Abbracciare questo comporta per gli operatori pastorali andare "vuoti" alla relazione con l'umanità e con la gente, frenando la tendenza a mettere in rilievo la proposta, il discorso, l'insegnamento, la trasmissione di verità. In altri termini un avvicinarsi agli altri, decentrando la parrocchia nel territorio e organizzando periodicamente appuntamenti fuori dal tempo, là dove le persone vivono e abitano; convocare tutti in modo personalizzato agli incontri di vario tipo che si organizzano; dare un ritmo di sistematicità agli incontri scegliendo i contenuti, le forme, i linguaggi, i gesti e le parole che risultino "vicini e familiari" agli altri, desumendoli dalla riflessione e dall'analisi sulla loro mentalità e cultura; impostare questi incontri in modo attivo e partecipativo, coinvolgendo le persone e facendole reagire e intervenire con forme e tempi di dialogo; dare un carattere celebrativo all'incontro puntando sull'amore preveniente e continuativo che Dio offre.

Questo stile pastorale ha le sue radici nel dato biblico e come modello di riferimento il "servo di Jahvè".

L'esigenza è quella di superare il modello di una pastorale imperniata sul primato della dottrina su Gesù e sulla salvezza, che implica una relazione di diseguaglianza tra chi sa la dottrina e chi non la sa, tra chi ha esperienza ecclesiastica e chi non ce l'ha. Non si tratta in alcun modo di escludere o negare la dottrina e l'insegnamento, ma di non dar ad essi alcun primato, accogliendoli invece e valorizzandoli all'interno di un modello di "discepolato comune".

Occorre uno stile pastorale comunitario, in cui prima della relazione gerarchica si affermi e risalti la relazione mistica.

Lo stile e il metodo pastorale che ne consegue, nella linea e a completamento di quanto appena richiamato, in concreto comportano precisi atteggiamenti: scegliere temi-contenuti che siano alla portata di chi partecipa, muovere da una prospettiva di psicologia sociale, che richiama la vita concreta, le preoccupazioni immediate, le tensioni che appesantiscono; strutturare il luogo degli incontri in forma circolare o similare, per educare alla relazione, all'incontro; dare la massima importanza alla fase dell'accoglienza, creare subito il senso del "noi"; partire dalla vita, evocando l'esperienza, così che tutti siano agevolati nel prendere parola; utilizzare la pedagogia delle domande che vanno pensate meticolosamente perché siano intelligenti e intelligibili, chiare, soprattutto accessibili; rivelarsi animatori e moderatori dell'incontro senza aggiungere altro; proporre fatti e parole di Gesù non come dottrine su cui convincere con argomentazioni, dimostrazioni, ragionamenti, ma come dati elementari, affermazioni semplici in forma di proposta, di luce per la vita; essere e apparire, tutti, alunni della Parola, ricercatori del disegno di Dio e immersi nella precarietà dell'esistenza, ma soprattutto immersi nell'amore misericordioso di Dio.

Il popolo di Dio è il soggetto della pastorale, e la partecipazione alla missione della Chiesa prima che il dovere è un diritto divino che ha alla base il Battesimo.

Mentre nasce l'era delle relazioni, ci accorgiamo di essere poco preparati a "vivere insieme", a fare della parola uno strumento di accoglienza reciproca. La Chiesa è chiamata a riscoprire il Dio Trinitario e la grazia conseguente che ci abiliti a ripensare Dio e gli altri nella luce del rapporto. La visione di Chiesa avviata dal Vaticano II comporta la conversione dal modello societario a quello comunionale, che si esprime nella valorizzazione delle singole persone.

Da qui deriva la *quarta conversione pastorale, che è la spiritualità di comunione*. Tale spiritualità richiede una conversione metodologica. Come vivere e fare insieme tutto questo? Occorre uscire dalla genericità e scegliere insieme forme, metodi, procedimenti, pedagogie nuove.

La conversione riguarda non solo la dottrina o la prassi pastorale, ma quella spiritualità di comunione, che consiste nel vivere e con-vivere la vita e l'amore di Dio come popolo. È la condizione e l'occasione che consente alla Chiesa di Cristo di essere sacramento di unità e di unificazione.

La Chiesa è la creatura dello Spirito Santo: Egli che è la comunione tra il Padre e il Figlio è il primo dono dato ai credenti ed apre alla "comunione e comunità".

La Chiesa è e deve essere anche comunità in senso sociologico: si esprime nell'affermazione della uguaglianza nella dignità di tutti i suoi membri nelle tre fasi proprie di una comunità che si organizza: elaborazione, decisione, attuazione; tutti partecipano all'elaborazione delle situazioni pertinenti e delle ipotesi da prospettare e con metodi tali che consentano a tutti di essere e sentirsi effettivamente parte attiva e riconosciuta nella ricerca; tutti partecipano alla fase della decisione.

Ovviamente, se c'è solo questo non c'è ancora "Chiesa", perché la Chiesa è una comunità teologale, di fede, speranza e carità nello Spirito Santo, ma, ugualmente, non c'è Chiesa senza queste basi.

La comunione esige un modello comunitario di Chiesa, che metta l'accento sulle relazioni di uguaglianza e di fraternità, di dialogo e di comunicazione, di partecipazione e di corresponsabilità, a livelli sempre più profondi.

La comunione esige un'organizzazione pastorale che si mette al servizio delle persone e dei gruppi perché si aprano, in orizzonti sempre più ampi, al bene comune. La comunione esige delle strutture finalizzate a suscitare, promuovere e canalizzare la partecipazione, dando voce a tutti, soprattutto ai più che non sanno e neanche credono di essere depositori anch'essi, come tutti, di una parola per gli altri.

Si tratta di mettere al centro dell'esperienza ecclesiale non tanto le "cose sacre", quanto i "soggetti santi", ossia i credenti in quanto amati da Dio, da lui scelti per costruire la sua Chiesa, l'assemblea degli eletti.

Si tratta di fare delle comunità luoghi e palestre di autentiche relazioni interpersonali, attorno ai valori dell'incontro.

La Chiesa ha difficoltà a dare effettivamente parola alla gente, manca di strumenti di ascolto.

La gente si sente sempre più sola e gli stessi pastori vivono un sottile senso di inadeguatezza davanti ai fenomeni della società in veloce trasformazione. Occorre riscoprire la *quinta conversione pastorale* che sta proprio in quella del ministero sacerdotale e in una capacità ministeriale che richiede un "dare un primato alle relazioni *brevi*; pensare comunitariamente in termini di processo e avere strategie di sensibilizzazione; privilegiare le forme circolari e dialogali; ripensare il ruolo dei presbiteri per fare della comunità una vera assemblea celebrante".[29]

La prospettiva comunionale carismatica del Vaticano II, la riscoperta del sacerdozio battesimale e della missione profetica dei laici, la realtà delle nuove aggregazioni laicali e la necessità di una nuova evangelizzazione missionaria costituiscono un insieme di fattori che mette necessariamente in crisi la figura tradizionale del pastore e ne esige una nuova. E qui appare il nodo: una crisi di "spiritualità di comunione":

Edificare una Chiesa come comunità comporta tra l'altro: dare il primato alle relazioni "brevi", quelle che consentono alle persone di chiamarsi per nome, di conoscersi reciprocamente al di là della idea superficiale che si può avere l'uno dell'altro, di avviare forme e itinerari di dialogo e di comunicazione; pensare la comunitarietà in termini di processo facendo delle strategie di sensibilizzazione; privilegiare le forme circolari e dialogali rispetto a quelle unidirezionali dell'insegnamento e dell'omelia, adatte alla cultura e alla psicologia dei suoi fedeli.

Gli atteggiamenti a cui ispirarsi per vivere questo momento sono: l'abbandono in Dio, una certa indifferenza per esercitare il distacco emotivo, per non scegliere sotto l'influsso di inclinazioni passionali; la sintonia con la parola e la volontà di Dio come ciò che desideriamo più profondamente; l'onestà di dire solo quello che in coscienza riteniamo meglio; la grandezza di mente e di cuore per accogliere quanto dicono gli altri; la lealtà di accettare la decisione dei più, sancita dal parroco, senza portare fuori della comunità eventuali divergenze che, se sono legittime, anzi doverose, in fase di ricerca, sono segno di orgoglio e mancanza di rispetto per l'organo collegiale se conservate, rivelate e propagandate.

Occorre scoprire qual è la realtà nuova che i problemi indicano oggi alla comunità ecclesiale poiché egli può non sentirsi interpellato dalla Chiesa tradizionale, non perché sia indifferente alla domanda religiosa, ma perché è la Chiesa che percorre altri sentieri, assume altre forme, usa altri linguaggi. Egli cerca oggettivamente una parola di salvezza che gli provenga non dall'alto e dal fuori, ma dal di dentro e dal profondo e che abbia qualcosa da dire alla sua realtà di soggetto.

[29] G. Moro, *Prima che ...*, cit., 116-117.

La pastorale di fatto non può che essere una *conversione alla Chiesa locale* che è il centro per una nuova evangelizzazione, in cui si supera il soggettivismo e ci si proietta ad operare nella realizzazione di una Chiesa che

> «diviene una comunità tutta intera, nell'unità e diversità delle sue espressioni – doni, carismi e ministeri – cerca organicamente la volontà di Dio, decide ciò che crede ad essa conforme e che la realizza organicamente»[30].

3) *Terza ipotesi – L'unità nella missionarietà*

In uno scenario che è in continua evoluzione, la comunità ecclesiale deve tentare un ricerca per l'attuazione di una sintesi di pastorale d'insieme e organica nello stesso tempo. Essa deve con un profondo rinnovamento e con energie e stile nuovo rilanciare la pastorale ordinaria, dando contemporaneamente spazio a nuove forme profetiche di creatività. L'obiettivo è quello di formare una comunità cristiana viva, accogliente ed estroversa nell'evangelizzazione.

È necessario "ripensare la parrocchia" come luogo privilegiato di confronto e di dialogo per essere ancora mistero, comunione, missione.[31]

Se partiamo dalla dimensione teologica che la Chiesa è generata dalla Trinità, ne deriva che proprio attraverso la stessa Chiesa nasce l'esperienza concreta di Gesù Cristo da viversi nella dimensione territoriale.

La Chiesa diventa missionaria perché viene dalla Trinità e si esprime attraverso atti concreti di carità. È necessario definire il ruolo della comunità parrocchiale nella realtà sociale, offrendo itinerari educativi, per provocare motivazioni ed elaborare strategie organizzative in risposta ai problemi sociali.

Per realizzare la pastorale organica e d'insieme sul territorio è necessaria una comunione ecclesiale, caratterizzata da vocazioni, condi-

[30] G. MORO, *Prima che ...*, cit., 140-141.

[31] Cfr A. RUCCIA, *Ripensare ...*, cit.; *Parrocchia, quale futuro?,* Editrice Queriniana, Brescia 2003; *Itinerari ...*, cit.; *Parrocchia e comunità,* Edizioni Dehoniane Bologna, Bologna 2007; *Comunità ...,* cit.

zioni di vita, ministeri, carismi e responsabilità. Si deve intendere la parrocchia: unica, incarnata nel territorio, organica nella valorizzazione della pastorale e dei diversi carismi.

Per la comunità parrocchiale del terzo millennio non occorre costruire chiese nei quartieri ghetto, ma convertire i sacerdoti dalla presidenza al servizio, non trasformare la parrocchia in contenitori di gruppi a sé stanti ma fare una comunità aperta sul territorio. Essa deve esprimere una dimensione comunionale ed ecclesiologica in cui si svolgono diversi ministeri con maggiore profezia nelle diverse aree pastorali, rivalutando il ruolo educativo degli animatori giovanili e promuovendo i catechisti degli adulti.

Per questo la parrocchia situata in mezzo alle case deve relazionarsi con tutte le realtà sociali, politiche, per i bisogni comuni, superando l'attuale situazione di stallo che la vede paragonabile ad *un'area di servizio di culto,* piuttosto che ad una esperienza di vita comunitaria in cui ragazzi, giovani ed adulti attraverso itinerari biblico – liturgico – caritativi si sentano impegnati nella ferialità attivandosi nel concretizzare la loro dimensione laicale.

Infatti, è fondamentale che l'evangelizzazione assuma una dimensione missionaria e approfondisca i modi con cui proporre e annunciare il Vangelo.

La modernità e post modernità hanno determinato un processo diverso nell'uomo.

In questo passaggio storico prevalgono il produttivismo, l'utilitarismo e consumismo sfrenato che hanno evidenziato:

- la tendenza alla diminuzione della presenza religiosa;
- l'affacciarsi di nuove forme religiose;
- uno spiccato integralismo di alcuni movimenti ecclesiali che si arrogano la pretesa di indicatori di un'unica proposta di fede.

La comunità ecclesiale non ha proposto percorsi adatti a questi nuovi fenomeni e non si è chiesta il perché di questa assenza religiosa. Urge una rivalutazione per una parrocchia unica.

In questo contesto la catechesi deve aprirsi ad una dimensione missionaria in cui i laici hanno un ruolo importante e per questo si definiscono "catechisti del territorio".

I catechisti del territorio sono "annunciatori dell'esperienza" coerenti con l'annuncio poiché la Chiesa è depositaria della buona novella che si deve annunciare.

La catechesi proposta a partire dalla Parola di Dio, confrontata con i documenti conciliari e magisteriali e soprattutto non disconstandosi dall'apporto esperienziale, inserisce la parrocchia in un contesto di progettualità pastorale e mostra una Chiesa veramente madre rivolta a tutti senza esclusione, impegnandosi ad essere educatrice di cristiani sempre più aperti allo Spirito.

In questo la pastorale d'insieme, che vede l'intera comunità in dialogo con i contenitori culturali, le dimensioni lavorative e le agenzie educative territoriali, si pone in modo diverso nel vivere l'Eucaristia con un'attenzione aperta ai problemi territoriali.

La liturgia ha il compito di unificare nella parrocchia tutti i gruppi. Infatti, la celebrazione eucaristica è il momento dove ogni cristiano attualizza il mistero dell'amore vero e la presenza del Signore nella sua storia. Di qui l'importanza della celebrazione eucaristica domenicale come espressione di fede in cui la comunità ecclesiale rivive il battesimo e s'innesta nel mistero di Cristo.

L'azione teologico-liturgico-pastorale si rivela nell'attuazione di due momenti fondamentali:

– l'anno liturgico come itinerario di fede;
– una rinnovata modalità di pastorale dell'iniziazione cristiana.

Poiché l'anno liturgico è un reale strumento di evangelizzazione, gli itinerari di fede inseriti al suo interno modellano l'esperienza di tutti e rivelano l'importanza della vita comunitaria. Proprio gli itinerari di fede sono in grado di saldare il binomio tra fede e vita soprattutto perché viviamo in un contesto sociale di forte pluralismo, non dimenticando di far maturare la consapevolezza che il Cristo è Colui che salva tutto l'uomo.

Questa progettualità permette di non creare *una pastorale dell'eternità e dell'immobilità*, ma induce a elaborare un programma pastorale annuale con una progettazione di itinerari di fede che siano concentrati su un'unica idea con fondamento biblico da sviscerarsi nel corso dell'intero anno liturgico e con un'applicazione che coinvolga ragazzi, giovani ed adulti in una proposta caritativa coinvolgente, riportando il tutto nell'Eucarestia.

Questa metodologia, che trova il suo fondamento nella prassi dei Padri fino al IV secolo permette di fare emergere come, attraverso la valorizzazione dei gesti e delle parole; l'interpretazione biblico teologica dei riti e la concretizzazione dei sacramenti celebrati si riesca a coniugare la dimensione ecclesiologica sacramentale con quella sociale. Inoltre determina l'importanza di un laicato con caratteristiche nuove e non esclusiovamente liturgico-celebrative. Infatti, la fede ascoltata diventa in tal modo fede celebrata per essere fede vissuta.

Oggi, se da un lato il laicato è stato coinvolto sotto il profilo pastorale intraecclesiale attraverso il consiglio pastorale, quello degli affari economici e soprattutto in ambito catechetico sacramentale e di animazione liturgica, non si può dire che sia coinvolto in un'evangelizzazione ad extra, né tanto meno fondamentale per l'attuazione degli itinerari di fede.

Per realizzare questo progetto è necessario passare da una **Chiesa per il popolo ad una comunità di tutti per tutti implicando un cambiamento nelle coscienze dei presbiteri e dei laici**.

Questo abbatterebbe la dicotomia tra presbiteri e laici.

– Qual è la strategia pastorale da attuare?
– Quale proposta missionaria per un cammino di fede può essere valido per tutti?
– Quale dev'essere il compito del sacerdote e il ruolo del laicato?

Sono necessarie scelte profetiche e coraggiose che hanno bisogno di essere sperimentate ma soprattutto motivate.

Optare per un triennio su itinerari biblico-liturgici rivolto agli adulti e sperimentare un percorso educativo dei sacramenti dell'iniziazione cristiana: un tempo di verifica per essere Chiesa *ad intra* e passare da una parrocchia statica ad una di stampo missionario.

Urgono momenti di verifica come:
– la riscoperta della Bibbia con un'attenta catechesi;
– le proposte educative (formative e non solo ludiche);
– la rivalutazione di una proposta di volontariato-carità.

Si potrebbe prevedere una parrocchia:
• unica (per intenderci, una grande parrocchia con più luoghi di culto);
• incarnata sul territorio (in grado di valorizzare la pastorale d'ambiente);
• organica (che riparta dall'unità della catechesi, liturgia e carità e promuova la valorizzazione dei ministeri laicali).

3.2 La laicità di Maria a Nazaret

Questa dimensione della laicità avvenuta a Nazaret è eloquente. Il Concilio afferma che

> «adornata fin dal primo istante della sua concezione dagli splendori di una santità del tutto singolare, la Vergine di Nazaret è salutata dall'angelo dell'annunciazione, che parla per ordine di Dio, quale "piena di grazia" (cfr. Lc 1,28) e al celeste messaggero essa risponde "Ecco l'ancella del Signore: si faccia in me secondo la tua parola" (Lc 1,38). Così Maria, figlia di Adamo, acconsentendo alla parola divina, diventò madre di Gesù, e abbracciando con tutto l'animo, senza che alcun peccato la trattenesse, la volontà divina di salvezza, consacrò totalmente se stessa quale ancella del Signore alla persona e all'opera del Figlio suo, servendo al mistero della redenzione in dipendenza da lui e con lui, con la grazia di Dio onnipotente».[32]

> «L'annunciazione ci pone davanti agli occhi … il mistero della presenza di un messaggio celeste a Maria, e il modo di comportarsi di Maria all'angelo. Che cosa fa Maria? Ascolta, si scuote, interroga, si domanda. È un atteggiamento dialogico, semplice, istintivo ed insieme delicato, attento, perfettamente proporzionato alla situazione che è pure nuova, imprevista, inedita. Se noi ci fossimo trovati al suo posto saremmo passati dalla paura alla rigidità, alla pretesa di prove: saremmo stati presi o dal timore o da un'esultanza eccessiva che ci avrebbe fatti smarrire».[33]

Con l'annunciazione emergono con chiarezza i tratti della disponibilità alla corresponsabilità del piano divino che la rendono nello stesso tempo corredentrice dell'umanità.[34]

[32] LG 56.

[33] C. M. Martini, *La donna della riconciliazione. Meditazioni sulla Madre di Cristo,* Piemme (4 ed), Casale Monferrato 2005, 9-10.

[34] «Maria, anche se chiamata e santificata gratuitamente da Dio non è stata una persona puramente passiva nelle mani di Dio. Essa ha espresso il suo consenso liberamente e coscientemente a tutto il progetto divino; s'è impegnata responsabilmente in un servizio, gioioso e doloroso insieme, alla persona e all'opera di suo Figlio, consacrandosi con lui e sotto di lui al servizio del mistero della salvezza e della redenzione. Queste possono essere considerate le sue caratteristiche psicologiche nella sua coope-

Infatti

> «Maria rappresenta il popolo di Dio che dice "si" al suo Dio e che diventa il modello permanente per tutta la Chiesa».[35]

La sua laicità si esprime nella logica non di un'accettazione passiva di quanto gli viene chiesto, ma dal porre gli interrogativi che le permetteranno di aderire con libertà al piano della salvezza. Infatti nel corso della storia, oltre che nel cristianesimo delle origini, il ruolo di Maria è cresciuto lungo la storia per tre motivi principali:

> «Maria ci ricorda efficacemente il primato della carità; sottolinea l'importanza dell'ortoprassi; mette in luce la necessità della speranza nel tempo dell'attesa».[36]

Questo corrisponde proprio al ruolo del laicato che è invitato ad essere proprio in virtù del battesimo l'anima della critica e degli interrogativi nell'esperienza della ricerca teologica e pastorale della prassi contemporanea. Il futuro della comunità ecclesiale non è quello di un'imposizione di dogmi e regole da rispettare, ma di una ricerca atta ad individuare come la santità del temporale deve coinvolgersi nella dimensione ecclesiologica.

razione squisitamente umana. Ma al di là di esse, la socia e madre del Redentore ha vissuto la sua missione di servizio con fede ed obbedienza, carità e sofferenza, virtù queste che costituiscono l'elemento spirituale del apporto. Infatti Maria ha camminato progredito nella fede e nell'obbedienza, reali e giornaliere, come tutti gli uomini, dal primo momento della sua coscienza umana matura fino al giorno della sua assunzione al cielo. Durante tutto l'arco della sua missione ha espresso la carità, verso Dio e verso gli uomini, che l'ha portata a concepire il Redentore prima nel cuore che nel corpo, ed ha vissuto, dopo un primo momento di gioia messianica, tutto il dolore patito dal Figlio, in sintonia con lui, fino al momento della croce. Tutte queste caratteristiche, psicologiche e spirituali, costituiscono l'elemento veramente formale della madre e socia del Redentore ed indicano tutta la portata morale e religiosa della sua cooperazione umana, veramente eminente, all'opera della redenzione effettuata dal Figlio di Dio e Figlio suo» (S. Meo, *Nuova Eva*, in *Nuovo Dizionario di Mariologia*, (a cura) di S. De Fiores e S. Meo, Edizione Paoline, Cinisello Balsamo (Mi) 1986, 1026-1027) .

[35] I. de La Potterie, *Maria,* in *Nuovo Dizionario di Teologia Biblica,* (a cura) di P. Rossano, G. Ravasi, A. Ghirlanda, Edizioni San Paolo, Cinisello Balsamo (Mi), 1988, 895-919, 919.

[36] C. M. Martini, *Colti dallo stupore. Incontri con Gesù*, Mondadori, Milano 2012, 46.

Il decremento del numero dei sacerdoti e delle religiose è un segno dei tempi che non rilancia il laicato come supplenza dei servizi mancanti, ma li deve rendere corresponsabili dell'evangelizzazione e della missione. Non si tratta di creare nuove figure di laici vestiti da sacerdoti, ma di individuare come il laicato debba realizzare il coinvolgimento dei tanti assenti affinché si arrivi alla partecipazione alla vita di un cammino di fede. Inoltre non è concepibile che al laicato sia attribuito solo il ruolo dell'operatività, ma si deve far carico di una promozione dello stesso dandogli le responsabilità atte a realizzare il rapporto fede/vita.

Il lavoro da attuarsi affinché si arrivi a questo obiettivo riguarda la preparazione teologica e pastorale degli stessi attraverso corsi di formazione e ricerca che si avvalgano di esperti di teologia e di dinamiche sociali con l'apporto delle scienze umane. Per il futuro l'azione pastorale ecclesiale dovrà necessariamente prevedere parrocchie grandi coordinate su più luoghi di culto che lascino il cultualismo e sperimentino forme di vita fraterna comunitaria in cui laici e presbiteri realizzino modelli biblici sullo stile delle prime comunità cristiane. Infatti il futuro dell'umanità si giocherà sulle grandi aree urbane e si supererà la dimensione dei piccoli centri che erano ritenuti i granai della fede. Perciò

> «come tutte le membra del corpo umano, anche se numerose, non formano che un solo corpo così i fedeli in Cristo (cfr 1 Cor 12,12). Anche nella struttura del corpo mistico di Cristo vige una diversità di membri e di uffici. Uno è lo Spirito, il quale per l'utilità della Chiesa distribuisce la varietà dei suoi doni con magnificenza proporzionata alla sua ricchezza e alle necessità dei ministeri (cfr 1 Cor 12,1-11)».[37]

3.3 La laicità di Maria a Cana

Questa è il frutto di quella presa d'atto per cui le situazioni apparentemente impossibili necessitano di essere rivedibili e proponibili secondo altri schemi tanto da offrirsi alla fine fino al meglio di sé come l'acqua che viene trasformata in vino.

[37] LG 7.

«Maria percepisce il gemito inespresso del mondo e lo esprime. ... È probabile che altri se ne stessero accorgendo ma come in sogno: vedono che qualcosa sta venendo meno e non sapendo come fare preferiscono proseguire fingendo di niente. ... Il carisma di Maria è lo sguardo confortante all'insieme del corpo ecclesiale, che la rende attenta per tutti i punti dolenti e pronta ad esprimerli, a provvedere avvisando chi di dovere, facendo intervenire gli altri. A Cana, infatti, Maria non provvede direttamente alle necessità del vino, ma le mette in luce, la pone in rilievo e l'affida al Figlio».[38]

Il senso della laicità di Maria a Cana è data proprio dalla profeticità e dalla determinazione che non l'ha minimamente scalfita di fronte ad una complicata situazione che si era creata. Similmente, il laicato di oggi deve rispondere con la dimensione profetica nella realtà della Chiesa stessa attraverso le realtà temporali.[39] In altri termini, proprio a partire dalle realtà temporali, il laicato deve proiettarsi a richiamare il senso della novità con la presenza delle comunità ecclesiali in tutte le situazioni difficili di precarietà. La vera novità del cristianesimo sta nel camminare con i passi degli ultimi e dei piccoli.[40] È questa una possibile risposta alla logica del potere, dell'affare, dell'economia stritolante, della logica opprimente e devastante che la società di ogni tempo cerca di indicare per far emergere la strategia del più forte annientando la persona e i più deboli.

La comunità ecclesiale deve operare **collocandosi in mezzo** tutti. Spesso si crede che per fare grandi cambiamenti occorrano gesta pro-

[38] C. M. MARTINI, *La donna nel suo popolo,* Ancora, Milano 2002 (9 edizione), 33-34.

[39] «Sono da Dio chiamati a contribuire, quasi dall'interno a modo di fermento, alla santificazione del mondo esercitando il proprio ufficio sotto la guida dello spirito evangelico, e in questo modo a manifestare Cristo agli altri principalmente con la testimonianza della loro stessa vita e col fulgore della loro fede, della loro speranza e carità. A loro quindi particolarmente spetta di illuminare e ordinare tutte le cose temporali, alle quali sono strettamente legati, in modo che siano fatte e crescano costantemente secondo il Cristo e siano di lode al Creatore e Redentore». (LG 31).

[40] «Una Chiesa che si fa ultima, per stare con gli ultimi e per lottare con gli ultimi. Non è la Chiesa delle fughe neocatare, degli slanci paradossali, delle riviviscenze utopiche, ma quella della *kenosis,* dello svuotamento. È la Chiesa che vuole essere segno ed epifania del Cristo, che, pur essendo Dio, non ha disdegnato di farsi uomo e asssumere la condizione di servo» (A. BELLO, *Insieme ...,* cit., 206).

digiose, rivoluzioni ad ampio raggio, imprese eroiche. Il cambiamento più grande invece è quello che parte dal basso, che fiorisce nell'incontro con l'altro, che cambia prospettiva e colloca l'intera comunità, che non dimentica i bambini dimenticati, i profughi abbandonati, i deboli accantonati, le donne violentate, i giovani disperati, e chiunque richiede una mano d'aiuto. La pace, la giustizia, il rispetto reciproco, un'economia di uguaglianza, la salvaguardia del creato, sono le strategie della misericordia che determinano uno stile di vita che l'intera comunità ecclesiale **in mezzo a tutti,** uno stile che oggi appare urgente e indispensabile e di cui i laici devono sentirsi protagonisti.

La comunità ecclesiale che sceglie di **essere in mezzo** passa dalla logica dell'indifferenza a quella della solidarietà e della responsabilità; dalla chiusura e dal fondamentalismo all'apertura e al coinvolgimento; dall'assistenzialismo alla giustizia sociale, per non limitarsi a forme di elemosina o di assistenza che non accettano la supremazia del denaro generando sudditanza e dipendenza; dall'accettazione delle strategie militaresche a quelle della misericordia e del perdono.

Immedesimandosi nel vissuto di tutti avendo il coraggio di denunciare i meccanismi perversi che ci circondano e collaborando alla costruzione di una società più giusta non si fa altro che riproporre il Vangelo come una lieta notizia. L'evangelizzazione deve prevedere, infatti, due momenti: l'annuncio e l'attuazione dell'amore.

È l'ora della Chiesa che sta **in mezzo** e non dimentica né chi sta prima e soprattutto chi viene dopo. È il superamento del clericalismo e soprattutto il non cedere alla tentazione di un laicato clericalizzato che stenta a vedere come impegnarsi fuori dell'ambito esclusivamente liturgico.

> «Perché il fedele laico possa vivere oggi la propria responsabilità nel mondo, è necessario coltivare costantemente la virtù della vigilanza e insieme dedicare una particolare attenzione all'esercizio individuale e comunitario del discernimento. … Nell'esercizio di questa vigilanza e di questo discernimento, i fedeli laici si facciano promotori, ai diversi livelli e con le modalità più opportune, di pronunziamenti sui principali aspetti e problemi della vita sociale: in tal modo potranno aiutare anche l'intera comunità a formulare giudizi etici appropriati sulle diverse vicende del vivere sociale».[41]

[41] Diocesi di Milano, *Sinodo 47°,* Centro Ambrosiano, Milano 1995, 369.

3.4 La laicità di Maria sotto la croce

Anche sotto la croce Maria rivela l'importanza della sua laicità stigmatizzata nell'accoglienza di Giovanni. In Giovanni, Maria accoglie tutti collocandoli accanto a sé sotto l'esplicito invito del Figlio. È proprio dalla croce che ci giunge il messaggio della costruzione di una Chiesa non inglobalizzata. L'apparente sconfitta della croce di cui è vittima innocente Gesù non è altro che il primo passo verso l'impegno a saper accogliere e a dare spazio alla testimonianza nelle diversa realtà.[42] Maria, che è l'Arca della nuova Alleanza, delinea la strategia di una comunità ecclesiale che deve saper accogliere tutti.

Il suo stare sotto la croce non è un atto di semplice dolore emotivo determinato dalla crocifissione del Figlio, ma mostra palesemente l'esplico coraggio nel denunciare i meccanismi perversi che avevano condotto all'atto ignobile della crocifissione. Proprio sotto la croce Maria diventa collaboratrice di una Chiesa che invoca una società più giusta attraverso la strada dell'impegno nelle realtà sociali e politiche che delineano la strada del bene comune.[43] È il portare nella vita la carica di liberazione del Vangelo che si esprime non solo quando si annuncia il Vangelo, ma quando si ama; non solo quando si serve nel silenzio dei condomini e dei palazzi ma quando è fondamentale lavorare per il benessere della società.[44]

[42] «La madre viene chiamata da Gesù con l'appellativo *donna* (Gv 19,26): formula inusuale nei rapporti familiari, già presente nel racconto delle nozze di Cana, il termine può evocare la *donna* di Gn 3, ma forse anche qui più esattamente richiama Gerusalemme e il popolo eletto, raffigurati nel linguaggio biblico con l'immagine di una donna (cf. ad esempio Ger 2,2; Ez 16,8; 23, 2-4 e Os 1-3; Is 26,17; Ger 31, 4.15). Come all'antica Gerusalemme il profeta diceva: *alza gli occhi intorno e guarda: tutti costoro si sono radunati, vengono a te. I tuoi figli vengono da lontano, le tue figlie sono portate in braccio* (Is 60,4), così alla nuova Gerusalemme - madre il profeta escatologico dice: *Donna, ecco il tuo figlio!* Maria rappresenta insieme il popolo eletto dell'antica alleanza e il nuovo popolo di Dio, radunato dal sacrificio pasquale di Cristo» (B. Forte, *Maria la donna icona del Mistero. Saggio di mariologia simbolico – narrativa,* Edizioni San Paolo, Cinisello Balsamo (Mi) 1989, 95-96).

[43] Cfr A. von Speyr, *L'ancella del Signore,* Jaca Book, Milano 2012.

[44] «Il nostro cammino di fede è legato in modo indissolubile a Maria da quando Gesù, morente sulla croce, ce l'ha donata come Madre dicendo: "Ecco tua madre!" (Gv 19,27). Queste parole hanno il valore di un testamento e danno al mondo una Madre. Da quel momento la Madre di Dio è diventata anche Madre nostra! Nell'ora

Il suo stare sotto la croce è l'espressione della condivisione per essere prima sensibili ai bisogni dell'altro e successivamente caricarsi delle sue sofferenze.

> «Ai piedi della croce Maria, divenuta madre dell'umanità, rivela il suo essere *typos* della maternità della Chiesa nei confronti dei suoi figli, redenti dal Figlio. Si è di fronte ad un avvenimento di portata messianica: in questa disposizione testamentaria di Cristo si realizza l'ultimo atto della sua missione terrena. Il gesto di reciproco affidamento contiene un'intenzione chiara: proiettare la salvezza compiuta indefinitivamente nel tempo e, quanto all'universalità, fino ai confini della terra».[45]

Ciò implica il prendere sul serio il giudizio e la serietà della responsabilità che per noi ne scaturisce e comprendere che la redenzione, il fatto che Gesù nella croce assume i nostri peccati, è un atto di responsabilità che spetta a tutti i battezzati, e Maria lo assume in prima persona. Inoltre, Dio stesso nella passione del Figlio si fa avvocato di noi peccatori, e rende così possibile al peccatore pentito la penitenza, che è la speranza espressa in modo meraviglioso nella parola di Giovanni che «Dio è più grande del nostro cuore e conosce tutto» (1 *Gv* 3, 19s).

Inoltre, sotto la croce, Maria mostra la via della vocazione laicale all'attenzione verso una pastorale della sofferenza che non dimentica la dimensione di minorità dei tanti che vivono questa triste esperienza

in cui la fede dei discepoli veniva incrinata da tante difficoltà e incertezze, Gesù li affidava a Colei che era stata la prima a credere, e la cui fede non sarebbe mai venuta meno. E la "donna" diventa Madre nostra nel momento in cui perde il Figlio divino. Il suo cuore ferito si dilata per fare posto a tutti gli uomini, buoni e cattivi, tutti, e li ama come li amava Gesù. La donna che alle nozze di Cana di Galilea aveva dato la sua cooperazione di fede per la manifestazione delle meraviglie di Dio nel mondo, al calvario tiene accesa la fiamma della fede nella risurrezione del Figlio, e la comunica con affetto materno agli altri. Maria diventa così sorgente di speranza e di gioia vera!" La Madre del Redentore ci precede e continuamente ci conferma nella fede, nella vocazione e nella missione. Con il suo esempio di umiltà e di disponibilità alla volontà di Dio ci aiuta a tradurre la nostra fede in un annuncio del Vangelo gioioso e senza frontiere. Così la nostra missione sarà feconda, perché è modellata sulla maternità di Maria. (Francesco, *Omelia della Messa del 1 gennaio 2014,* in *Osservatore romano* del 3/01/2014).

[45] I. Siviglia, *Antropologia teologica in dialogo*, Edizioni Dehoniane Bologna, Bologna 2007, 186.

umana. Ciò richiama ad un lavoro appassionato di tutta intera la comunità ecclesiale che si ritrova a rivivere nelle membra sofferenti della sua Chiesa la medesima vicenda della croce di Cristo e che sono da Lui salvati. Il sacrificio di unità alla croce di Cristo consegnato nelle mani di Maria ribadisce che Cristo non paga un riscatto per un errore commesso, ma realizza un dono del Padre per tutti gli uomini. La bontà di Dio è infinita, ma non dobbiamo ridurre questa bontà ad una leziosa sdolcinatura senza verità. Solo credendo al giusto giudizio di Dio, solo avendo fame e sete della giustizia (cfr *Mt* 5, 6) è possibile aprire il cuore e la vita alla misericordia divina. Non è vero che la fede nella vita eterna rende insignificante la vita terrena. Al contrario, solo se la misura della vita del cristiano è l'eternità, anche questa vita sulla nostra terra è grande e il suo valore immenso.[46]

Una pastorale della sofferenza richiede un inserimento del laicato attraverso la dimensione attiva dell'intera comunità ecclesiale. Spesso la pastorale della sofferenza è semplicemente limitata alla distribuzione dell'Eucarestia nelle case per i fratelli ammalati. Al contrario, tale dimensione è sintesi mirabile della pastorale organica e di quella d'insieme che trova il suo spazio nella dimensione della carità.

> «La pastorale dei sofferenti si inserisce nella riflessione del mistero pasquale di Cristo e come tale diventa verifica della propria fede nel mistero salvifico della croce, chiarificazione dell'annuncio cristiano di salvezza maturata nella sofferenza e nella morte, epifania della testimonianza evangelica per i meno fortunati».[47]

Essa ha un vasto raggio di azione che sfocia nell'attenzione a nuove povertà dovute propria alla sofferenza. Malattie come la SLA o la sclerosi multipla richiedono il coinvolgimento di operatori pastorali e

[46] «Troppa *teoria* è stata elaborata, a partire dal Concilio, sulla condizione dei fedeli battezzati. Teoria perché, al di là delle parole, persiste grave ancora il clericalismo esasperato: nella guida, nei ministeri, nelle incombenze cosiddette *pastorali.* Solo un enorme bagno di umiltà potrà far emergere le spiritualità di alto valore religioso che le famiglie, le professioni, gli impegni nel mondo offrono. Non si tratta di espandere funzioni ed incarichi, quanto di lasciare interpretare il volto di Dio da chi vive la condizione di battezzato» (V. ALBANESI, *I tre mali della Chiesa in Italia. Ritrovare futuro,* Ancora, Milano 2012, 160-161).

[47] G. DAVANZO, *Sanità e territorio,* in *Enciclopedia di Pastorale* (a cura) di B. SEVESO e L. PACOMIO, IV, Piemme, Casale Monferrato 1993, 44.

di medici affinché non si sentano tecnici del mestiere, ma annunziatori e promanatori del messaggio evangelico. Si tratta di una pastorale che riecheggia la minorità di Maria, che si colloca accanto ai poveri sulla scia del Figlio che si fece povero per arricchirci del suo amore.

3.5 La laicità di Maria dopo la Pasqua

Maria è la donna vestita di sole che costruisce la nuova comunità ecclesiale. Così esplicitamente è detto in Ap 12, 1-10. L'autore dell'Apocalisse presenta alla sua comunità un segno di particolare importanza, qualificato subito come "grande", «che apparve nel cielo: una donna rivestita di sole; la luna stava sotto i suoi piedi; e intorno al suo capo una corona di dodici stelle» (12,1). L'immagine della donna dell'Apocalisse oscilla tra la rappresentazione della comunità dei credenti (lettura ecclesiologica), inserita nella storia e testimone del disegno divino di salvezza, e quella di Maria, madre di Cristo, la cui vita è coronata dalla sua glorificazione in cielo (lettura mariologica). Entrambe queste letture, anche con i loro limiti, sono state accolte nella tradizione cristiana, e hanno reso Ap 12 come il cardine o la chiave di volta del messaggio dell'Apocalisse. Ciò che si desume da queste analisi è che la figura della donna non può essere interpretata in maniera isolata, ma richiede una comprensione unitaria dell'intero capitolo, le cui immagini sottolineano la linea ecclesiologica che distingue l'opera. Un nuovo tentativo di lettura di Ap 12 non dovrebbe più rimanere circoscritto all'interpretazione individuale o collettiva del testo, bensì rivolgersi a questioni più attinenti al divenire storico e alla sua lettura in un'ottica di liberazione. La donna avvolta nel sole è visione profetica del traguardo che la comunità dei credenti è chiamata a raggiungere, a partire da un'esperienza personale e concreta del dono ricevuto di una vita indistruttibile (la veste di luce). Tale esperienza è descritta mediante la metafora del parto, la vita che si comunica apre a un dinamismo vitale sempre più intenso.[48]

Il termine donna secondo l'uso dell'A.T. suggerisce subito l'idea di sposa e di madre; esso fa pensare all'alleanza di Dio col suo popolo, alleanza più volte espressa in termini di amore nuziale. Questa idea

[48] Cf L. Arcari, *Una donna avvolta nel sole... (Ap 12,1). Le raffigurazioni femminili nell'Apocalisse di Giovanni alla luce della letteratura apocalittica giudaica*, Edizioni Messaggero Padova, Padova 2008.

unisce insieme l'idea di donna e di popolo nello stesso tempo. Una donna feconda che genera i figli di Dio. Una donna-popolo rivestita di sole che nell'A.T. è considerato come una creatura privilegiata di Dio, e nell'ambito del N.T. si parla, a proposito del Padre celeste, del "suo sole" (Mt 5,45). Di questo sole che è suo, Dio avvolge e riveste la donna.

Amata da lui, ricolma dei suoi doni migliori, una donna-popolo, sente così di poter realizzare in pieno l'alleanza: la luna, che ha la funzione – secondo la mentalità dell'A.T. – di regolare lo svolgimento del tempo, è sotto i piedi della donna la quale la domina pienamente, al di sopra delle vicissitudini del tempo. Ha già la sua eternità. E proprio nel contesto di questo superamento del tempo, di una sua eternità raggiunta, la donna ha una corona di stelle intorno al suo capo. La corona esprime la vittoria finale già riportata. Allora, a questo livello di meta raggiunta, le dodici tribù di Israele e i dodici apostoli non si sommano più, ma si sovrappongono, sottolineando così l'unità del popolo di Dio e dell'A.T. e del N.T.: in questo modo le dodici stelle evocano insieme e globalmente tutto il popolo di Dio.

Chi è questa donna? È il popolo di Dio, che diventa feconda generando il Figlio. Si tratta di Cristo che è proiettato nel futuro, e sconfiggerà definitivamente il male (cfr. Ap. 19,11-16). Questo Figlio è il Cristo che nasce dalla Chiesa.

L'assemblea che si identifica con la Chiesa e con la donna dovrà esprimere faticosamente, giorno per giorno, nella dimensione della sua laicità il Cristo. Ciò si verificherà in tutto quello che la Chiesa-assemblea riuscirà a realizzare di bene: nel bene che si vede come nel bene nascosto, nel bene apprezzato come nel bene incompreso, nel servizio offerto attraverso i gesti di gratuità. Tutto quello che la Chiesa faticosamente avrà dato alla luce favorirà la crescita e il raggiungimento della statura completa di Cristo (cfr. Ef 4,13). Proprio Paolo aveva fatto l'esperienza di quanto sia duro e difficile esprimere quotidianamente, anche nell'apostolato, la figura di Cristo da riprodurre negli altri:

> «Figlioli miei – aveva scritto ai Galati – per voi io soffro ripetutamente le doglie del parto, finché Cristo prenda consistenza in voi» (4,19).[49]

[49] Cfr U. Vanni, *L'Apocalisse. Ermeneutica, esegesi, teologia,* Edizioni Dehoniane Bologna, Bologna 1988, 333-347.

La Chiesa-comunità è pertanto impegnata, attraverso i suoi sforzi, simili alle doglie di un parto, ad impegnarsi per la salvaguardia della vita pre-parto e post-parto; all'accoglienza delle giovani madri che vivono le difficoltà; all'educazione nei confronti dei giovani e dei ragazzi; a dare dignità alla vita fino all'ultimo respiro.[50]

Infatti, in Maria come nella Chiesa-comunità si realizza la dimensione della laicità pienamente inserita nell'intero corpus della Chiesa. I laici diventano parte integrante della comunità ecclesiale quando sono pronti a vivere risplendendo nelle diverse realtà del mondo.

> «La crescita della società umana attende il contributo dei cristiani che non possono tenere sotto il moggio la loro fede: questa fede è luce che illumina il cammino umano a tutti i livelli. Di qui l'importanza di superare una volta per tutte e sempre nuovamente alcune distanze culturali prodotte da una fede dislocata esteticamente, vissuta troppo intimisticamente, trattata come una *questione di cuore* e un *problema privato,* considerata come una faccenda emotiva e irrazionale e perciò ghettizzata, in appendice rispetto all'esperienza umana originaria. È un modo di pensare piuttosto diffuso, collegato con alcuni pregiudizi e tanti equivoci, quale quello dell'opposizione tra fede e scienza o anche dell'incompatibilità tra pratica credente e libertà della coscienza, o ancora quello del contrasto tra credenza di Dio e autonomia umana».[51]

[50] «La maternità di ogni donna, intesa alla luce del Vangelo, non è solo "della carne e del sangue": in essa si esprime il profondo "*ascolto della parola del Dio vivo*" e la disponibilità a "custodire" questa Parola, che è "parola di vita eterna" (cf. *Gv* 6, 68). Sono, infatti, proprio i nati dalle madri terrene, i figli e le figlie del genere umano, a ricevere dal Figlio di Dio il potere di diventare "figli di Dio" (Gv 1, 12). La dimensione della Nuova Alleanza nel sangue di Cristo penetra l'umano generare rendendolo realtà e compito di "creature nuove" (*2 Cor* 5, 17). La maternità della donna, dal punto di vista della storia di ogni uomo, è la prima soglia, il cui superamento condiziona anche "la rivelazione dei figli di Dio" (cf. *Rm* 8, 19)."*La donna quando partorisce, è afflitta,* perché è giunta la sua ora; ma quando ha dato alla luce il bambino, *non si ricorda più dell'afflizione,* per la gioia che è venuto al mondo un uomo" (*Gv* 16, 21). Le parole di Cristo si riferiscono, nella loro prima parte, a quei "dolori del parto" che appartengono al retaggio del peccato originale; nello stesso tempo, però, indicano *il legame che la maternità* della donna ha *col mistero pasquale"*(Giovanni Paolo II, *Mulieris dignitatem,* Libreria Editrice Vaticana, Città del Vaticano 1988, 19).

[51] A. Staglianò, *Pensare la fede. Cristianesimo e formazione teologica in un mondo che cambia*, Città Nuova, Roma 2004, 42.

La fonte di tutto ciò sta nel passaggio di un'esperienza di fede dell'intera vita comunitaria, poiché tale esperienza stenta a decollare e i *cristifideleslaici* non hanno un vero e proprio punto di riferimento. Da qui il rifugio di molti in un associazionismo slegato dalla vita ecclesiale in cui rilanciano i valori cristiani, ma vissuti "a distanza".

Il soggetto dell'evangelizzazione è sempre la Chiesa: e la Chiesa è e rimane una comunità. Il concetto di comunità appare necessario per superare quel "soggettivismo ecclesiale" di cui a volte, sia pure inconsapevolmente ed involontariamente, le stesse comunità cristiane finiscono col diventare vittime.

Questa comunità si riscopre tale attorno al *kérygma*, alla morte e risurrezione di Cristo. È da qui che scaturisce la speranza che va annunciata dalla comunità ecclesiale a quella grande comunità che è il mondo in cui ogni persona vive, lavora, matura ed ama; e va annunciata attraverso una trasformazione del mondo in comunità di persone.

> «Le nostre comunità devono favorire l'incontro autentico tra le persone, quale spazio prezioso per il contatto con la verità rivelata nel Signore Gesù, perché l'esemplarità della vita non sminuisce il dovere di annunciare anche con la parola: ogni cristiano deve saper dare ragione della propria speranza, narrando l'opera di Dio nella sua esistenza e nella storia dell'umanità»[52].

Il mondo è una comunità: e se per i cristiani questa dovrebbe essere una limpida verità da difendere e costruire, tale verità, sia pure concettualmente e praticamente sconfessata, potrebbe presentarsi più semplice da intuire proprio in una società globalizzata[53].

[52] CONFERENZA EPISCOPALE ITALIANA, *Rigenerati per una speranza viva (1 Pt 1,3): testimoni del grande "sì" di Dio all'uomo. Nota pastorale dell'Episcopato italiano dopo il 4° Convegno ecclesiale nazionale,* Edizioni San Paolo, Milano 2007, 11.

[53] «La transizione insita nel processo di globalizzazione presenta grandi difficoltà e pericoli, che potranno essere superati solo se si saprà prendere coscienza di quell'anima antropologica ed etica, che dal profondo sospinge la globalizzazione stessa verso traguardi di umanizzazione solidale. Purtroppo tale anima è spesso sovverchiata e compressa da prospettive etico-culturali di impostazione individualistica e utilitaristica. La globalizzazione è fenomeno multidimensionale e polivalente, che esige di essere colto nella diversità e nell'unità di tutte le sue dimensioni, compresa quella teologica. Ciò consentirà di vivere ed orientare la globalizzazione dell'umanità in termini di relazionalità, di comunione e di condivisione» (BENEDETTO XVI, *Lettera enciclica, Caritas in veritate*, Libreria Editrice Vaticana, Città del Vaticano 2009, 42).

Per attuare in profondità questa visione di comunità è necessario un laicato della nuova evangelizzazione attraverso nuovi cammini da realizzare in una parrocchia che va diretta al cuore di ogni uomo. Questa idea di parrocchia-comunità porta scritta in sé il senso del laicato, e la sua vocazione specifica: la corresponsabilizzazione o, meglio ancora, il suo "essere Chiesa"; il suo "essere parrocchia". È il laico che "porta" la parrocchia con sé nella vita, la fa uscire dai confini territoriali e la immette nelle pieghe della società e del mondo intero.

Maria, sintetizza tutto questo perché parte dalla croce e rigenera il nucleo dei Dodici affinchè siano promotori di comunità laicali, fuori da ogni schema di clericalismo. Nessun riferimento ci lascia pensare che Maria abbia percorso una strada rientrante negli schemi di una vita religiosa in senso stretto, ma al contrario il suo essere donna fino alla fine mostra una strada che ben delineata. Ella ha mostrato nella sua completa laicità postpasquale la dimensione del servizio come espressione visibile e lampante della adesione alla fede nel Figlio suo.[54]

3.6 La progettualità pastorale dei laici sulle orme di Maria

La progettualità pastorale che vede il laicato in prima persona impegnata nell'evangelizzazione che riesce a far sintesi tra pastorale organica e d'insieme, passando per una dimensione mistagogica e di annun-

[54] «Nel brano dell'Apocalisse si rincorrono due figure: Maria e la Chiesa. Nel contesto la donna vestita di sole, con la luna sotto i piedi e sul suo capo una corona di dodici stelle, rappresenta la Chiesa che porta avanti Cristo nel mondo in mezzo a lotte difficili e dolorose. Ma la donna della visione è immagine anche di Maria che ha dato il suo figlio al mondo perché il mondo, l'umanità, la Chiesa, vengano salvati. "Essa partorì un figlio maschio destinato a governare tutte le nazioni con scettro di ferro". Perché con scettro di ferro? Perché il ferro è la certezza assoluta della verità, dell'amore. È quello che l'uomo cerca: il bisogno di sicurezza, non di cattiveria. Guidare con sicurezza è diverso da essere rigidi. "Il figlio maschio fu portato in cielo", vuol dire la morte; "la donna invece fuggì nel deserto". Il deserto rappresenta le catacombe. Proprio perché la Chiesa porta una novità nel mondo, il mondo la crocifigge. Si è perseguitati perché si è fedeli a Gesù. La vera persecuzione è indice di qualcosa di nuovo. Importante è essere perseguitati per Gesù, non per i nostri comodi. La Chiesa può talvolta essere perseguitata non a causa di Gesù, ma perché si accomoda un po' con i poteri di questa terra» (O. BENZI, in www.apg23.org)

zio, trova in Maria una figura eloquente e concreta poiché sintetizza sia la dimensione laicale, sia quella profetica.

Maria, infatti, per la sua dinamicità derivante da quel popolo di *anawin*, di poveri di tutta la storia della salvezza è determinante sia per le scelte che si sono realizzate con la maternità di Gesù, sia per le svolte oggi richieste nella vita della Chiesa. Queste caratteristiche sono eloquenti fin dagli inizi della sua vita e trovano il loro massimo di dinamicità nell'itinerario postpasquale della Chiesa primitiva.

Se prendiamo come modello pastorale quello che definiamo *Chiesa della profezia* possiamo tentare di individuare una possibile svolta pastorale.

Sulla scia del profetismo biblico che li inquadrano in una sintesi mirabile tra annuncio e vissuto il cammino di fede da proporre deve ritrovare intorno a queste tematiche e deve necessariamente prevedere dei segni pro-vocatori nei confronti di tutti per aprire un dialogo con gli assenti e incentivare l'attività dei vicini. È proprio quello che si riscontra nella pedagogia scritturistica, dove l'annuncio è finalizzato alla conversione partendo dalle precarietà che la comunità ebraica si ritrovava a vivere. I segni provocatori non devono creare disagi o essere posti come emblema di risultati conseguiti o da conseguire, ma hanno necessariamente l'esigenza di essere il frutto di quella corresponsabilità che vede il laicato in prima linea dopo essersi formato nella catechesi, nella celebrazione e nell'attenzione della carità.

Il contributo del laicato è fondamentale per determinare questi segni di annunzio e nello stesso tempo realizzare quella dimensione propria derivante dal battesimo. Le comunità sia collocate nelle periferie, sia quelle consolidate nei centri urbani o in realtà di comuni, necessitano proprio del laicato poiché attraverso di loro è possibile realizzare un impegno nell'annuncio sia attraverso le catechesi nei caseggiati e nei luoghi d'incontro; sia nelle proposte di una liturgia che richiami la partecipazione dei giovani che sono spesso latitanti; sia nelle esperienze di carità che non si restringano semplicemente in aiuti a distanza, ma in coinvolgimenti dei tanti che rivelano la disponibilità nell'aiutare chi vive il disagio.

Se prendiamo come modello pastorale quello della *Chiesa della profezia* comprendiamo come Maria diventi un modello da cui non si può prescindere. Maria è povera e laica anche quando viene rifiutata prima del parto ed è povera e laica nell'atto di accoglienza del Figlio calato dalla croce. La comunità ecclesiale che sceglie questa strategia non può prescindere dal ricalcare i suoi passi per essere profeticamente cristica progettando l'inclusione anche di chi è escluso dai canoni dei tanti.

Si può sintetizzare questa strategia nel trinomio: **annuncio – proposta – mandato.**

Tale cammino richiederebbe un itinerario di evangelizzazione suddiviso in tre anni.

Il primo anno è quello dell'**annuncio.** La comunità ecclesiale dovrebbe prevedere il portare l'annuncio evangelico nelle case e in ambienti dislocati nella parrocchia. L'annuncio del Vangelo deve prevedere la proposta sia nei confronti dei ragazzi, sia dei giovani sia degli adulti. L'incontro con loro deve condurli a farli sentire protagonisti attraverso la spiegazione dei testi biblici dell'intero anno liturgico e a farli sentire pro-vocatori con i gesti di un atto di carità verso gli ultimi che concordemente risulta stabilito. In questo modo si realizza la dimensione di quell'*unicum mistagogico* della pastorale che sintetizza la catechesi, la carità e la liturgia alla dinamica sociale. Il ruolo dei laici è determinante perché la formazione della comunità è l'autoformazione attraverso soprattutto una catechesi esperienziale in cui ciascuno diventa evangelizzatore degli altri.

L'icona mariana a cui rifarsi è quella del viaggio di Maria verso Ain Karen per incontrare sua cugina Elisabetta. La sintesi tra la sollecitudine di Maria e la sua spiccata attenzione verso l'anziana donna mostra come la comunità ecclesiale deve percorrere strade che la scuotano dal torpore dell'inefficienza in cui sembra precipitata.

Infatti, la giovane fanciulla Maria, dopo la visita dell'angelo nella sua piccola casa di Nazaret, sembra non perdere tempo. Con il minimo indispensabile, senza portare alcun peso con sé, ma munita dell'essenziale per il viaggio, si è incamminata verso l'anziana sua cugina Elisabetta. Quest'ultima sorpresa dall'arrivo della giovane, sente vibrare dentro di sé il piccolo Giovanni. E le confida che non si tratta di un semplice saluto, ma di un sussulto di gioia.

La visitazione amplia la scena dell'annuncio. Il segno promesso dall'angelo si concretizza nella visitazione. La scena della visitazione non è solo il raccordo tra le due annunciazioni ma anche tra i rispettivi figli: Giovanni e Gesù. Attraverso la madre Elisabetta, Giovanni, che è il profeta precursore, saluta e rende testimonianza al Messia presente in Maria di Nazareth. Elisabetta interpreta l'agitarsi del bambino nel grembo come l'annuncio profetico della gioia messianica da parte di colui che doveva essere consacrato dallo Spirito.[55]

Due donne, improvvisamente al centro della storia e della cronaca perché si sono rese disponibili all'accoglienza di due bimbi che segneranno radicalmente il futuro dell'umanità. Due donne che sono il segno concreto di quanto oggi la comunità ecclesiale è chiamata a fare per essere pronta a realizzare nuovi annunzi ad un mondo relativizzato nel proprio io.

Infatti, Maria si mette in cammino senza tentennamenti ed Elisabetta è pronta a proporre la gioia di quest'incontro. L'incontro fra Maria ed Elisabetta è modello anche della *relazione pastorale*. La radice del verbo greco "visitare" (*episképtomai*) si trova anche nel termine vescovo (*epískopos*).

La vita del credente è caratterizzata da un intreccio di relazioni divine (preghiera, liturgia delle ore, celebrazione eucaristica e dei sacramenti, lectio divina) e di relazioni umane (vita della parrocchia, oratorio, visite alle famiglie, incontro con i malati, direzione spirituale, confessione). La relazione pastorale, fondata sulla ricerca della volontà di Dio e sulla presenza di Dio nel proprio cuore è mossa dalla carità e apporta gioia; per questo motivo è costruttiva e consolante, in quanto mostra come nelle pieghe della quotidianità si nasconde la salvezza.

Il credente all'interno della comunità ecclesiale mette in ordine quegli elementi che sono alla base della dinamica evangelizzativa tipica di un annuncio da portare. Tutto questo avviene con *l'attenzione verso l'altro*, che nasce dall'azione dello Spirito del battezzato; *la capacità di leggere secondo la carità* che è paragonabile ad un'intelligenza di amore; *la concretezza* dettata dall'attitudine a confrontarsi con il presente, "in fretta" e non con i rimandi; *la gioia* che nasce dal bisogno di amare per corrispondere all'amore ricevuto; *la tenerezza* che rivela l'attenzione verso i disagi; *il dono* da non custodire per se stesso; *il silenzio* che rimanda all'ordinarietà della vita condivisa, ma afferma anche il primato dell'essere sul fare, dell'amore di chi si lascia nascondere nel cuore di Cristo.[56]

[55] Cf R. Laurentin, *I Vangeli dell'infanzia di Cristo. La verità del Natale al di là dei miti*, Edizione Paoline, Torino 1985.

[56] B. Forte, *Seguendo Te, luce della vita. Esercizi spirituali predicati a Giovanni Paolo II*, Edizioni San Paolo, Milano 2004.

È il passaggio dalla "Chiesa della sterilità alla comunità della fecondità". In questo si rivela l'immagine della Chiesa che elimina la sterilità e la paura di annunziare che il Cristo, che oggi richiede gesti coraggiosi fuori della logica dell'interesse e dell'economia. La crisi ecologica ed ambientale che stiamo vivendo e il massacro denunziato dai paesi più poveri del mondo fanno da contraltare ai bisogni economico-finanziari delle superpotenze che continuano ad inquinare la terra.

È questo l'anno in cui si devono incontrare le persone nei caseggiati e nelle rispettive abitazioni con un'attenzione specifica a ciascuno, siano essi ragazzi, giovani o adulti con un cuore ricco di carità, una concretezza, con atteggiamenti di gioia e di tenerezza e ribadendo la logica del gratuito e della preghiera non intesa in senso devozionale, ma soprattutto comunitario. L'Eucarestia domenicale dovrebbe assumere la capacità di essere momento di vivacità e di animazione gioiosa in cui emerge la diversità di una comunità che non cammina riproponendo un Vangelo della normalità, ma quello della novità dell'amore. Dall'Eucarestia domenicale e dai colloqui informali, dopo un attento discernimento dell'intera assemblea parrocchiale[57] deve nascere la progettualità unitaria di un'attenzione caritativa da far vivere all'interno del territorio. Inoltre, i tempi liturgici devono avere la capacità di mediare quanto meglio ciò possa essere realizzato con i temi riguardanti la speranza, la vita, la riconciliazione, la gioia, la dimensione del Vangelo da portare.

Il secondo anno è quello della **pro-posta.** Dopo aver portato l'annuncio nelle case e tra i caseggiati (qualora l'incontro personale risultasse ostacolato), è l'anno in cui nelle diverse aree individuate dovrebbero nascere **i centri di evangelizzazione**. Questi non sarebbero delle dependance della parrocchia, ma delle vere e proprie anime che aiuterebbero a riproporre quanto nella comunità si intende realizzare. Nei centri di evangelizzazione potrebbe essere svolto tutto il lavoro della prima evangelizzazione e dell'avviamento alla preghiera. È proprio il centro di evangelizzazione che deve diventare forgiante per tutti.

Il compito dei laici diventa a questo punto imprescindibile perché richiederebbe un incontro settimanale o al massimo quindicinale di coordinamento con il parroco sulle diverse proposte da sviscerare e da cui partire per radicalizzare e incarnare maggiormente il Vangelo già

[57] Cf. A. RUCCIA, *La corresponsabilità ...*, cit.

annunziato precedentemente. È l'anno della Bibbia, della lettura esegetica e popolare della Sacra Scrittura nello stesso tempo. È l'anno in cui insegnare la preghiera attraverso la *lectio divina* e dove lanciare la *liturgia delle Ore* come forma di preghiera comunitaria.

L'Eucarestia domenicale dovrebbe essere sempre vissuta comunitariamente e mai nei diversi centri di evangelizzazione. I laici hanno il compito di non essere ad appannaggio di un gruppo o di un movimento, ma sono anime viventi nel territorio del cammino dell'intera comunità.

Anche la carità diventerebbe uno strumento di pro-posta perché oltre quanto era stato precedentemente proposto necessiterebbe di ulteriore radicalità nella realizzazione.

L'icona biblica a cui rifarsi è quella di Maria che serba in sé tutto l'amore del Figlio donandolo al mondo (Lc 2,19). Ad ogni modo, quando *Marialis Cultus* di Paolo VI fa il punto sulla dimensione della fede mariana cita il testo lucano ed esprime il suo pensiero nei seguenti termini:

> «(con la fede, Maria), protagonista e testimone singolare della Incarnazione, ritornava sugli avvenimenti dell'infanzia di Cristo, raffrontandoli tra loro nell'intimo del suo cuore (cfr Lc 2,19.51). Questo fa anche la Chiesa, la quale, soprattutto nella sacra Liturgia, con fede ascolta, accoglie, proclama, venera la parola di Dio, la dispensa ai fedeli come pane di vita e alla sua luce scruta i segni dei tempi, interpreta e vive gli eventi della storia».[58]

Infatti

> «mediante la fede Maria continuava ad udire ed a meditare quella parola, nella quale si faceva sempre più trasparente, in un modo "che sorpassa ogni conoscenza" (Ef 3,19), l'autorivelazione del Dio vivo. Maria madre diventava così, in un certo senso, la prima "discepola" di suo Figlio, la prima alla quale egli sembrava dire: "Seguimi", ancor prima di rivolgere questa chiamata agli apostoli o a chiunque altro (Gv 1,43)».[59]

[58] PAOLO VI, *Esortazione apostolica, Marialis Cultus,* Libreria Editrice Vaticana, Città del Vaticano 1974, in EV 5/41.

[59] GIOVANNI PAOLO II, *Redemptoris Mater*, Libreria Editrice Vaticana, Città del Vaticano 1987, 20.

Fermo restando che una cultura non può mai divenire criterio di giudizio e di verità nei confronti della Rivelazione:

> «l'annuncio che il credente con la comunità ecclesiale porta nel mondo e nelle culture è forma reale di liberazione da ogni disordine introdotto dal peccato e, nello stesso tempo, è chiamata alla verità piena. In questo incontro, le culture non solo non vengono private di nulla, ma sono anzi stimolate ad aprirsi al nuovo della verità evangelica per trarne incentivo verso ulteriori sviluppi».[60]

Questa dialettica cultura-Vangelo riproduce – seppur in modo analogico – quella esistente tra la Vergine Maria e il mistero di Dio che, presente ed operante nell'episodio dell'Annunciazione, costituisce motivo della sua grandezza e trasfigura la Madre del Signore con la sua gloriosa Assunzione.

La cultura, la storia personale di ogni persona e di ogni gruppo vengono perciò arricchite nel momento in cui viene accolto il messaggio della Salvezza che è Vera Sapienza e Verità, tale da far proprio tutto il bagaglio di gioie, speranze, tristezze e angosce.

Infatti dal brano di Lc 2,16-21 comprendiamo che i pastori non avevano capito che erano stati i primi ad essere stati scelti per annunziare al mondo una notizia così importante da dover trasmettere.

Maria, che aveva custodito amorevolmente per nove mesi il Bambino in sé, lo consegnava idealmente a ciascuno di loro perché loro stessi lo consegnassero al mondo.

È Maria che c'insegna ancora oggi a non essere una *Chiesa delle gelosie* e delle realtà da nascondere. Lei è la donna che laicamente vuole insegnarci ad essere una comunità che sappia investire e che s'immerga in annunci nuovi. Il Bambino di Betlemme non è qualcosa da conservare gelosamente, ma un dono da portare.

È Maria la donna che ci chiede di essere costruttori di comunità di pace e di speranza educando alla collaborazione per ridare certezze ad un mondo che appare precipitare verso il nulla e l'isolamento; che ci chiede di essere educatori denunziando a tutti i muri costruiti per separare i popoli e le nazioni; che ci chiede di essere educatori nelle periferie dove i più piccoli sembrano che abbiamo perso il senso di amore e

[60] Giovanni Paolo II, *Lettera enciclica, Fides et ratio*, Libreria Editrice Vaticana, Città del Vaticano 1998, 71.

la gioia di conoscere attraverso lo studio e l'amore; che ci chiede di far diventare i cristiani protagonisti di questa storia che discrimina tanti e di essere accanto a quanti non hanno più la voglia di vivere e si rintanano nell'egoismo.

È Maria la donna laica che ci chiede di diventare **comunità di collaboratori** che sanno di portare annunci di vita nuova e di solidarietà.

Il terzo anno è quello della **missione.** È l'anno in cui tutta la comunità ecclesiale esce dai centri di evangelizzazione e si proietta negli ambienti non frequentati abitualmente dalla stessa. È l'anno degli incontri nei circoli, nelle palestre, nei centri culturali, nelle scuole e nei luoghi di lavoro. L'apporto del laicato diventa fondamentale per trasmettere quanto gli stessi hanno acquisito con una formazione permanente e soprattutto quanto s'impegnano a realizzare nella dimensione dell'incontro che altri dovrebbero avere con Cristo. È l'anno più difficile in quanto si potrebbero verificare delle defezioni a causa nella non recezione dei valori acquisiti che vengono proposti. Questo invece, è l'anno in cui è necessario alzare lo sguardo e proporre dei contenuti più incisivi che mostrino come la comunità ecclesiale deve e può realizzare un dialogo aperto con il mondo senza trascinarsi ancora dietro le zavorre di una Chiesa pietistica e stanca di quanto ha già fatto.

La metodologia da usare è quella degli slogan a scadenza dei tempi liturgici con un linguaggio che non si distanzi né dalla Sacra Scrittura, né quanto comunemente viene proposto attraverso i media. È necessario che in questo anno si realizzino a livello educativo corsi di formazione di economia, lavoro, problematiche affettive, bioetica uniti a formazione biblica e teologico-pastorale sulle diverse problematiche che verranno precedentemente evidenziate dalla comunità.

L'icona che permette di far emergere questa dinamica missionaria è il Magnificat.[61]

«Il Magnificat è considerato il vertice della preghiera biblica, che viene quindi ricapitolata per celebrare l'irrompere del regno di Dio

[61] Cf R. Schnackenburg, *Il Magnificat, la sua spiritualità e la sua teologia*, in *La vita cristiana. Esegesi in progresso e in mutamento*, Milano, Jaca Book, 1972, 223. J. Dupont *Le Magnificat comme discours sor Dieu*, in *Nouvelle rerevue théologique* 112 (1980), 336.

nel tempo, mediante la nascita del Salvatore. Ogni credente sembra invitato a unirsi alla omologesi di Maria per condividerne il giubilo traboccante. Maria si rivolge a Dio in terza persona, per timore riverenziale. Il suo spirito esulta in Dio: ritorna il motivo dell'esultanza (agallìasis), appena menzionato da Elisabetta. Le promesse messianiche stanno adempiendosi. La bassezza (tapéinosis) si riferisce alla condizione umile di Maria, solidale con tutti i poveri di JHWH, in attesa fiduciosa dell'intervento di Dio per la salvezza. La beatitudine pronunciata da Elisabetta viene ora confermata da Maria: tutte le generazioni la chiameranno beata, perché madre del Messia. Ma la sua grandezza è dovuta interamente all'azione di Dio, che ha magnificato la sua santità con la manifestazione del suo sommo amore e della sua misericordia verso tutti i timorati del popolo d'Israele. Dio viene esaltato per le sue gesta salvifiche ed escatologiche, considerate qui come già realizzate. Il futuro della salvezza è descritto come passato per il suo iniziale compimento, verificatosi nella concezione del Messia. Non devono impressionare le espressioni forti poste in bocca di un'umile fanciulla, perché si celebra la salvezza di Dio contro ogni disordine provocato nel mondo dall'egoismo e dal peccato. Si tratta d'una vera rivoluzione, di un autentico capovolgimento, che non può non avere un influsso nella situazione socio-politica del mondo».[62]

Senza togliere nulla alla teologia della missione si deve affermare che quando si parla della missione, la prima figura che ci ispira di più deve incentrasi sempre su Gesù. Per quanto riguarda la vergine Maria, l'icona del Magnificat permette di entrare ancora di più nella dimensione missionaria. Il Vaticano II, nel capitolo 8 di *Lumen gentium,* ci presenta Maria, segno di speranza, Serva del Signore, cooperatrice, mediatrice presso Gesù. Maria, è la prima che ha accolto l'invito di Dio, di essere la madre del missionario del Padre. Maria è l'icona della missione, l'immagine policentrica della missione, perché riflette tutte le dimensioni della missione in quanto ha avuto un cuore accogliente amante di Dio.

La prima dimensione della missione che troviamo in Maria è il primato di Dio (Lc 1, 26-57). Maria è una che intercede per gli uomini. (Gv. 2, 1-12). Maria è consolatrice (Gv 19 25-27; At 1, 12-14). Ma oltre tutto ciò il Magnificat resta la guida essenziale per una missione che è

[62] A. Poppi, *Sinossi dei quattro Vangeli*, Commento, Edizioni Messaggero Padova, Padova 1988.

al tempo stesso fondata nell'amore di Dio, ma che non disdegna di collocare l'intera comunità ecclesiale in una visione di vita propositiva del Vangelo. La figura di Maria permette di entrare decisamente in questa prospettiva.

«Il Dio di Maria, come già dell'antico popolo, è santo (*tremendum*) e misericordioso (*fascinosum*), nel senso che entra nel conflitto umano a favore degli emarginati e contro i potenti: "*La misericordia di Dio non attende soltanto fino alla fine dei tempi. Non tollera che la piaga rimanga aperta ed a sanguinare indefinitamente. Essa assume forme storiche e si concretizza in gesti trasformatori del gioco delle forze. Gli orgogliosi, i detentori del potere ed i ricchi non posseggono l'ultima parola come sempre pretendono. Su di essi già si manifesta, storicamente, la giustizia divina. Saranno espropriati del potere; saranno smascherati nel loro orgoglio e rimarranno con un pugno di mosche*"»[63]

È l'anno della missione *ad gentes,*[64] che permette a tutta la comunità all'interno del suo territorio di creare quel *"cortile dei gentili"* che rivela l'attenzione verso i lontani. Oggi le possibilità di *interazione tra le culture* sono notevolmente aumentate dando spazio a nuove prospettive di dialogo interculturale, un dialogo che, per essere efficace, deve avere come punto di partenza l'intima consapevolezza della specifica identità dei vari interlocutori. Oggi, però, si nota un *eclettismo culturale* tanto da accostare culture diverse che finiscono nel relativismo; inoltre si scivola facilmente in un appiattimento culturale che determina una caduta dei valori morali.

L'evangelizzazione *nell'ad gentes* deve essere lo sforzo di vivere la logica interculturale secondo la quale il Vangelo è la buona novella che gli uomini condividono. Perché

«la significatività culturale dell'evangelizzazione si mostra là dove le comunità cristiane si inseriscono nella concretezza dei contesti so-

[63] S. De Flores, *Maria, nella teologia contemporanea*, Roma 1991, 375.

[64] «Il rinnovato dinamismo delle comunità cristiane darà un nuovo impulso anche all'attività missionaria, urgente oggi più che mai, considerato l'alto numero di persone che non conoscono Gesù Cristo non solamente in terre lontane, ma anche nei Paesi di antica evangelizzazione.» (Sinodo Dei Vescovi – XIII Assemblea Generale Ordinaria, *La Nuova Evangelizzazione per la trasmissione della Fede Cristiana. Instrumentum Laboris*, Libreria Editrice Vaticana, Città del Vaticano 2012, 6).

ciali... indicando spazi di umanità differente, cioè nell'ordinarietà del quotidiano la scommessa di un diverso modo di essere uomini e donne attenti alla convivialità delle differenze che non autorizzano nessuno a mettersi da parte nei dinamismi di trasformazione della storia»[65]

Il Magnificat è la sintesi mirabile di questa visione ecclesiologica perché risponde agli uomini di oggi con un impegno a favore dei poveri e dove gli arroganti non risultano più vincitori.[66] È l'esperienza di una comunità diversa e pronta a lottare contro la fame, la sete e le diverse discriminazioni razziali. È la Chiesa del Signore ci chiede di realizzare proprio attraverso il messaggio di gioia di Maria: una Chiesa povera che non ha nessuna paura di donare quello che ha e soprattutto che non si blinda dietro falsi pauperismi che non convertono nessuno.

La Chiesa delle tasche piene non riuscirà mai a passare per la cruna di un ago perché s'ingolferà nella sua ingordigia e nelle sue paure di amare nella massima gratuità. Questa Chiesa è misera dentro e stenta a donare il meglio di sé. Nel migliore dei casi donerà i suoi avanzi e il suo superfluo e avrà il volto sempre pieno di rughe. Sebbene continuerà a correre dai chirurghi plastici per ripetere continuamente operazioni di lifting, finirà per ritrovarsi più squallida e imbruttita di prima; continuerà a contrattare i sacramenti, a mercanteggiare sulle tradizioni popolari, a battere moneta nei santuari, ad allearsi con i più potenti per non sentirsi a disagio e così "salvare la faccia".

La Chiesa dei cammelli passanti, quella che passa anche per la cruna dell'ago nonostante le gobbe ingombranti, si cimenta nelle scelte di povertà e crea continuamente situazioni in grado di cercare anche chi apparentemente sembra allontanarsi dall'esperienza ecclesiale. La carità è la via privilegiata per "ripensare tutta la vita della comunità ecclesiale in una prospettiva di nuova evangelizzazione, attraverso l'espe-

[65] C. DOTOLO, *Cristianesimo e interculturalità. Dialogo, ospitalità, ethos*, 141.

[66] «Magnificare il Signore significa: voler fare grande non se stessi, il proprio nome, il proprio io, allargarsi ed esigere spazio, ma dare spazio a lui, perché egli sia maggiormente presente nel mondo. Significa diventare in modo più vero ciò che noi siamo: non una monade chiusa, che rappresenta solo se stessa, ma immagine di Dio. Significa liberarsi dalla polvere e dalla ruggine, che rende opaca e ricopre l'immagine, e divenire ve-ramente uomini nella pura relazione a lui. " (J. RATZINGER, *Maria Chiesa nascente,* Edizioni Paoline, Milano 1998, 80).

rienza suprema dell'agape in un'autentica comunicazione interpersonale tale da alimentare una profonda comunione e dare un senso originale ai gesti che ne derivano. Questo perché l'amore per i poveri è la corsia preferenziale per una pastorale di coinvolgimento e di profezia nello stesso tempo. Priva della condivisione con i poveri la religione diventa sterile e semplice apparenza, senza alcuna incidenza sulle strutture sociali. La comunità ecclesiale non è dei poveri ma deve optare per essi come Cristo si è schierato dalla loro parte, tanto è vero che i giovani non diventeranno mai adulti nella fede se non operano nella carità per la pace e la cooperazione dei popoli.[67]

Questa è la comunità dei cammelli passanti che anche con sforzo e con l'arsura del cammino desertico della vita condurrà tutti, senza alcuna esclusione, all'oasi della vita eterna.

Questo è un cammino realizzabile, ma che richiede lo sforzo della corresponsabilità di tutta la comunità ecclesiale e la tenacia di ricominciare sempre per portare a tutti l'annuncio del Vangelo.

3.7 La Chiesa e la parrocchia "in uscita"

Tale proposta in cui appare chiaramente una nuova visione ecclesiologica che si affaccia nella dinamica antropologica dell'uomo solo della nostra società globalizzata, richiede una pastorale ecclesiale che metta insieme sia la visione comunitaria sia quella missionaria.

È fondamentale capire che ogni ecclesiale è anzitutto missionario ma questa non è concepibile senza la dimensione comunitaria che ha la

[67] «Dio ama tutti e li avvolge con il suo gesto misericordioso, perché sono tutti suoi figli. Tuttavia vi sono figli che sono docili o ribelli, buoni o cattivi. In un mondo così contraddittorio e disumanizzato, dove vi sono innegabilmente oppressi ed oppressori, la forma dell'amore di Dio è differente. Gesù non tratta alla stessa maniera i poveri, gli ammalati, i farisei, i pubblicani, ed Erode. I poveri li chiama beati, i farisei sepolcri imbiancati, Erode lo chiama volpe, ai pubblicani fa vedere, come a Zaccheo, l'iniquità della loro ricchezza, accumulata con la frode. Dunque, la liberazione che vuole per tutti incontra strade differenti a causa delle diverse forme di oppressione. Così Dio esalta gli umili e fa giustizia ai poveri perché insorge contro gli oppressori che per le loro operazioni avide e egoistiche provocano impoverimento ed umiliazione. Disperde i superbi di cuore perché, convertiti e liberi dalla loro ridicola autoaffermazione, possano essere figli liberi ed obbedienti a Dio e fratelli degli altri uomini» (L. BOFF, *Il volto materno di Dio. Saggio interdisciplinare sul femminile e le sue forme religiose*, Brescia, Queriniana, 1981, 186).

sua radice nell'essere del popolo di Dio. Infatti la Chiesa è un popolo in missione che ha le medesime caratteristiche del popolo messianico. Essa, però, è costituita da Cristo attraverso una comunione di **vita, carità** e **verità** per la redenzione di tutti, nessuno escluso.[68]

Questa dimensione ha la sua radice nella visione del *resto d'Israele* che non è un avanzo, ma solo il segno di un nuovo inizio che si fonda in tutta la sua storia della salvezza.

Questa concezione ha nel NT un'identificazione che Paolo sottolinea in Rom 11, 1-7. Grazie al *resto* che ha creduto in Cristo, l'infedeltà non ha distrutto le promesse, ma queste rimangono intatte.

> «L'esistenza di un resto, solo depositario delle promesse, manifesta l'assoluta gratuità dell'elezione degli individui anche all'interno dell'elezione del popolo intero (Rom 9, 6 -18. 25 – 29). L'elezione … è ordinata alla redenzione di tutti, non soltanto di tutto Israele, ma anche dei pagani».[69]

Da questo si determina la Chiesa come una comunità *ad extra* che si poggia su una sintesi tra l'esperienza della comunione al proprio interno e quella della pastorale d'insieme. La sintesi tra comunione e pastorale d'insieme detta i tempi del rinnovamento che vede l'esigenza di puntare su una corresponsabilità laicale dell'agire nuovo.

> «La Chiesa "in uscita" è la comunità di discepoli missionari che prendono l'iniziativa, che si coinvolgono, che accompagnano, che fruttificano e festeggiano».[70]

[68] «Dio ha convocato tutti coloro che guardano con fede a Gesù, autore della salvezza e principio di unità e di pace, e ne ha costituito la Chiesa, perché sia agli occhi di tutti e di ciascuno, il sacramento visibile di questa unità salvifica. Dovendosi essa estendere a tutta la terra, entra nella storia degli uomini, benché allo stesso tempo trascenda i tempi e i confini dei popoli, e nel suo cammino attraverso le tentazioni e le tribolazioni è sostenuta dalla forza della grazia di Dio che le è stata promessa dal Signore, affinché per la umana debolezza non venga meno alla perfetta fedeltà ma permanga degna sposa del suo Signore, e non cessi, con l'aiuto dello Spirito Santo, di rinnovare se stessa, finché attraverso la croce giunga alla luce che non conosce tramonto». (LG 9).

[69] F. Dreyfus, *Resto,* in *Dizionario di Teologia Biblica*, 1062-1063.

[70] Francesco, *Evangelii Gaudium ...,* cit., 24.

Inoltre

"la comunità evangelizzatrice si mette mediante opere e gesti nella vita quotidiana degli altri, accorcia le distanze, si abbassa fino all'umiliazione se è necessario, e assume la vita umana, toccando la carne sofferente di Cristo nel popolo"

e così

"il discepolo sa offrire la vita intera e giocarla fino al martirio come testimonianza di Gesù Cristo, però il suo sogno non è riempirsi di nemici, ma piuttosto che la Parola venga accolta e manifesti la sua potenza liberatrice e rinnovatrice". [71]

Questa visione di "Chiesa in uscita" determina anche una ministerialità tipicamente laicale che va concretizzata attraverso gli operatori culturali; quelli del mondo del lavoro e quelli impegnati nella dimensione della carità e del terzo settore in maniera specifica.

La Chiesa, infatti, non si pone davanti al mondo come *Mater et Magistra*, ma comprende se stessa come una realtà facente parte del mondo, solidale con esso. Un atteggiamento che si fonda sulla logica dell'Incarnazione e si coniuga secondo i tempi della dialogicità.[72]

[71] Francesco, *Evangelii Gaudium ...*, cit., 24.

[72] Tre sono i livelli applicativi propri della dialogicità come metodo in teologia:

1. livello scientifico: previene uno studio troppo circoscritto entro i confini specialistici della proprio disciplina prendendo consapevolmente atto che se da una parte la Rivelazione accade unica nel suo genere è pur sempre aperta e coinvolgentemente possibile a tutti. È l'applicazione della capacità di ascolto e di ricerca cogliendo l'indicazione metodologica propria della logica dell'incarnazione che vuole l'uomo assunto in tutte le sue manifestazioni ed espressioni per armonizzarlo col patrimonio della fede.
2. livello pastorale: è relativo alla vita della Chiesa ed alla formazione dei credenti poiché esprime uno stile di relazione nello spirito del Concilio (GS) creando condizioni sempre più favorevoli per l'instaurarsi di un *έτος* sociale che abbia in vista il bene comune, definito tale in quanto bene più ampiamente condiviso.
3. livello culturale: questo livello va al di là della fede e si pone a quello della laicità, coraggiosamente proiettato alla ricerca della verità complessa in modo assoluto a prescindere da vincoli di appartenenza.

Riconosciamo come specificità peculiare del procedere teologico il fine salvifico della persona umana; tale proporsi all'intero mondo scientifico altro non è che l'esposizione sistematica dell'opera della Grazia divina e della giustificazione dell'uomo.

Nel tempo del soggettivismo e del relativismo più imperante niente può aiutare l'uomo ad essere più uomo quanto la riscoperta dell'essenziale vocazione comunionale che egli attinge all'essenza stessa della sua identità. La persona umana "è" comunione; e tanto più questa realtà viene percepita quanto più la stessa viene educata non solo alla comunione ma anche nella comunione, attraverso la comunione, a partire dalla comunione. La comunione è, ai nostri giorni,

> "uno dei segni più eloquenti ed una delle vie più efficaci del messaggio evangelico"[73].

Quella della comunione è una sfida che ci interpella ma, prima ancora, è una riscoperta da effettuare sempre e sempre da adattare allo spazio ed al tempo, all'oggi e al futuro, sapendo salvare e custodire quanto il passato lascia.

È proprio la comunione la principale preoccupazione della nuova evangelizzazione che può realizzare quella "comunità allargata" che trae spunto proprio a partire dalla GS.

Tale prassologia contenuta in tutta la Costituzione, ampiamente verificabile,[74] determina il compito della Chiesa di leggere i segni dei tempi sulla base dei concreti bisogni dei nostri tempi, le nuove realtà che in essi si prospettano, le aspettative e le speranze che li caratterizzano, unendo la ricerca teologica con la storia dell'uomo. Essendo la teologia una scienza, quindi sottoposta ad una ricerca e ad un'analisi scientificamente corretta della realtà, essa diventa strumento di pratica quando la si inserisce nel contesto storico, senza perdere di vista il contesto della storia della salvezza. La storia della salvezza è una storia pratica in cui Dio s'inserisce e dove programma il suo agire.

Il soggetto dell'evangelizzazione è sempre la Chiesa: e la Chiesa è e rimane una comunità.[75]

In riferimento all'idea nuova di evangelizzazione, appare necessario non solo per superare il soggettivismo e il relativismo ma quel pericoloso "soggettivismo ecclesiale" di cui a volte, sia pure inconsapevol-

[73] Giovanni Paolo II, *Esortazione Apostolica post sinodale "Pastores dabo Vobis",* Libreria Editrice Vaticana, Città del Vaticano 1992, 43.

[74] Cf GS 9-10.

[75] Cf LG 1. 8.

mente ed involontariamente, le stesse comunità cristiane finiscono col diventare vittime.

Persona, comunione e comunità: ecco, dunque, l'orizzonte nel quale la comunità ecclesiale deve riproporsi per essere "in uscita":

- come la persona è soggetto di una comunità, così il cristiano;
- come la persona è fatta per vivere in comunità, così il cristiano;
- come la persona porta e diffonde nel mondo quel frutto che nella comunità assume, quell'aria che respira, quel valore che apprende, quella vita in cui crede ... così il cristiano.

La comunità cristiana è una comunità che si riscopre tale attorno al *kérygma*: che si riscopre tale attorno alla morte e risurrezione di Cristo; per questo, che si riscopre tale attorno alla speranza. Una speranza che va annunciata dalla comunità cristiana a quella grande comunità che è il mondo in cui ogni persona vive, lavora, matura ed ama; e va annunciata attraverso una trasformazione del mondo in comunità di persone.[76]

Si fa strada, dunque, un'idea di comunione nell'era della globalizzazione. In tale contesto, la parrocchia certamente non è un'istituzione ormai desueta, ma certamente ha bisogno di osare un nuovo "senso di comunità". La parrocchia ha bisogno di scoprire come crescere ed essere una comunità sempre più in sintonia con i tempi, con le esigenze, con i bisogni, con i linguaggi, con le attese della comunità più ampia che è il mondo intero. La parrocchia ha bisogno non solo di essere nel mondo.

È in tale "andare" che si fa vera luce il concetto di "comunità ecclesiale allargata" ed è in questo mondo che esso si incarna; in quel "mondo" la cui importanza lo stesso Concilio Vaticano II ha voluto avvicinare e rivalutare.

Come dunque intendere una "comunità ecclesiale allargata" e in modo particolare la parrocchia? In un certo senso, si potrebbe affermare che tale concetto sarebbe superfluo se il senso della "comunità" fosse vissuto in modo integrale e pieno. Se ci pensiamo bene, in fondo,

[76] «Una comunità è una cosa ben diversa da un gruppo. Esistono molti gruppi ma solo poche comunità; solo un piccolo numero di gruppi è intenzionato a compiere la trasformazione a comunità. Un gruppo è un insieme di persone che fanno la stessa cosa o che si trovano nello stesso luogo nello stesso tempo. Un mero gruppo non può essere la manifestazione della presenza del Cristo risorto. Infatti, una comunità è definita dalla qualità della presenza tra i membri di un gruppo» (L. A. Gokim Tagle, *Gente di Pasqua. La comunità cristiana profezia di speranza,* Edizioni Missionaria Italiana, Bologna 2013, 28).

non potrebbe definirsi vera comunità quella realtà che rimanesse chiusa in se stessa! Se è vero che l'anima della comunità è la comunione è altrettanto vero che tale comunione è un'irrefrenabile e continua spinta all'uscita da sé, al dono di sé; e il dono di sé è lo stile che caratterizza coloro che vivono nella speranza della risurrezione.

La comunità che crede è comunità che annuncia e che annuncia in ogni luogo e situazione: ecco la comunità allargata; e solo tale comunità allargata può raggiungere il territorio e i diversi ambiti della vita della persona.

L'identità e la missione della comunità ecclesiale allargata, richiede un itinerario di fede e un percorso educativo, valorizzando nuove figure e nuovi compiti come la proposta di una revisione dell'assemblea parrocchiale quale organismo formato da "tutti".

Luogo privilegiato per l'attuazione di tutto questo è la parrocchia. Essa

> «non è una struttura caduca; proprio perché ha una grande plasticità, può assumere forme molto diverse che richiedono la docilità e la creatività missionaria del pastore e della comunità»

e

> «se è capace di riformarsi e adattarsi costantemente, continuerà ad essere "*la Chiesa stessa che vive in mezzo alle case dei suoi figli e delle sue figlie*"».[77]

Papa Francesco insiste nell'affermare che è proprio la parrocchia a dover incoraggiare i suoi membri a diventare agenti della nuova evangelizzazione sia verso luoghi più bisognosi, sia in costante uscita verso le periferie del proprio territorio in cui alcuni ambiti culturali necessitano di una urgenza.[78]

Si evince che al termine deve emergere una Chiesa dal cuore di Madre. Infatti

> «senza sminuire il valore dell'ideale evangelico, bisogna accompagnare con misericordia e pazienza le possibili tappe di crescita delle persone che si vanno costruendo giorno per giorno»[79].

77 Francesco, *Evangelii Gaudium ...,* cit., 28.

78 Cf. Francesco, *Evangelii Gaudium ...,* cit., 30.

79 Francesco, *Evangelii Gaudium ...,* cit., 44.

Essa è chiamata ad avere un cuore aperto anche se

«accidentata, ferita e sporca per essere uscita per le strade, piuttosto che una Chiesa malata per la chiusura e la comodità di aggrapparsi alle proprie sicurezze».[80]

80 FRANCESCO, *Evangelii Gaudium...*, cit., 49.

SCHEMA SINTETICO DELLA PROPOSTA PASTORALE TRIENNALE

MARIA DONNA LAICA DELLA COMUNITÀ ECCLESIALE

1° ANNO ***Anno dell'annuncio***

- annuncio da portare nelle case e negli ambienti abitati anche se dislocati
- proporre la conoscenza del Vangelo
- iniziare alla vita liturgica nel cammino dell'anno liturgico
- vivere insieme un'esperienza di carità

Obiettivo: rendere i laici protagonisti di un Vangelo di profezia

Icona biblica: Maria si mise in viaggio per raggiungere sua cugina Elisabetta (Lc 1, 39-45)

evidenziare il passaggio dalla Chiesa della sterilità alla comunità della fecondità

Per vivere un itinerario di fede durante l'anno liturgico: in ogni periodo si deve sottolineare il senso di una tematica agganciata con l'annuncio

Avvento: Mettersi in marcia verso gli altri come Maria
Natale: Portare il Natale come proposta di vita nascente
Quaresima: Annunciare la misericordia di Dio a chi stenta a riconoscerla
Pasqua: Vivere l'annuncio anche con chi risulta non coinvolto nei caseggiati anche attraverso celebrazioni domenicali esterne
Tempo tra l'Anno: Coinvolgere i caseggiati attraverso esperienze di fede legate alla missione

2° ANNO ***Anno della Pro-posta***

- nascita dei centri di evangelizzazione
- comunicazione attraverso i contenuti di fede legati alla prima evangelizzazione
- avviamento alla preghiera
- continuare con un'esperienza di carità che rende più incisiva la dinamica ecclesiale con il coinvolgimento di ragazzi – giovani e adulti

Obiettivo: rendere i laici anime decentrate della comunità

Icona Biblica: Maria serbava tutte queste cose meditandole nel suo cuore (Lc 2, 16-21)

evidenziare il passaggio da una Chiesa di battezzati ad una comunità di collaboratori

Per vivere un itinerario di fede durante l'anno liturgico: in ogni periodo si deve sottolineare il senso di una tematica agganciata con la proposta

Avvento: Pro-porre una lettura popolare della Bibbia
Natale: Pro-porre un Natale senza sprechi e con un'incidenza di povertà nei diversi centri di evangelizzazione
Quaresima: Pro-porre un cammino di riavvicinamento attraverso il confronto con esperienze di vita che sappiano di riconciliazione e perdono
Pasqua: Pro-porre una formazione sui temi della comunità cristiana con esperienze dirette in comunità che cercano di vivere secondo lo spirito del Vangelo la loro laicità
Tempo tra l'Anno: Coinvolgere i caseggiati attraverso esperienze di solidarietà che emergono dallo stesso territorio

3° ANNO *Anno della Missione*

- dalla Chiesa al mondo
- dalle Chiesa alle case
- dalle case ai lontani: incontri nei circoli, nelle palestre, nei centri culturali, nelle scuole e nei luoghi di lavoro

Obiettivo: rendere i laici critici e profetici del Vangelo nello stesso tempo, ma soprattutto missionari del territorio

Icona biblica: il Magnificat (Lc 1, 46-55)

evidenziare il passaggio da una Chiesa di credenti ad una comunità credibile

Per vivere un itinerario di fede durante l'anno liturgico: in ogni periodo si deve sottolineare il senso di una tematica agganciata con la missione

Avvento: Vivere la missionarietà attraverso un discernimento sui temi del futuro e dei novissimi in chiave tempo-spaziale (lavoro ed educazione)
Natale: Vivere la missionarietà affrontando i temi della bioetica
Quaresima: Vivere la missionarietà attraverso una rivalutazione del sacramento della penitenza in forma comunitaria incentrandolo sul tema della responsabilità reciproca
Pasqua: Vivere la missionarietà approfondendo la dimensione della comunità con esperienze dirette con chi vive laicamente il Vangelo
Tempo tra l'Anno: Portare i lontani a vivere esperienze evangeliche insieme a tutti

Capitolo Quarto

LE APPARIZIONI MARIANE VEICOLO DELL'EVANGELIZZAZIONE

La dimensione pastorale dell'evangelizzazione che passa per la figura di Maria come esempio lampante della dinamica ecclesiale, in cui la dimensione laicale è di fondamentale importanza, non può non fare riferimento anche alle mariofanie. Infatti, come la comunità ecclesiale vive nel suo itinerario terreno una dimensione di salvezza, così anche per Maria questa funzione salvifica continua è espressa nell'esperienza storica e nella vita ecclesiale proprio in riferimento alla dimensione battesimale.

In questi ultimi anni le mariofanie hanno assunto dei toni in alcuni casi un po' eccessivi, dimenticando la radice battesimale-ecclesiologica. Infatti, le apparizioni di Maria sembrano moltiplicarsi e hanno proposto una visione un po' tradizionalista della vita ecclesiale, piuttosto che comunionale, dimenticando proprio quell'aspetto di laicità che caratterizza l'esperienza della vicenda storica della vergine di Nazareth.

Se è pur vero che il Concilio Vaticano II[1] ha sottolineato che la maternità di Maria nell'economia salvifica continua ad ottenere i doni della salvezza eterna con l'amore materno della stessa, è anche vero che lo stile di Maria è proprio quello della vita laicale che si mostra nell'iter quotidiano della comunità ecclesiale. Infatti, in nessun tratto Maria appare come donna poco incline a capire il mistero dell'amore di Dio incarnato in Gesù, anzi è proprio lei che ricerca e sprona alla conoscenza di Cristo attraverso i suoi interrogativi e le sue continue richieste di sapere.[2]

[1] LG 62.

[2] «La mariologia più recente cerca di mettere in risalto la figura umana e terrena di Maria come figura della discepola perfetta e della nostra sorella nella fede. Essa ha preso le distanze da una esaltazione esagerata della figura di Maria, continuamente riscontrabile nella pietà mariana, che la distanziava e la allontanava dalla vita e dalla

Le manifestazioni della Vergine dette proprio *mariofanie* non sono mai in dissonanza con i dati biblici. Al contrario, proprio il dato biblico rappresenta il criterio di discernimento non per la semplice approvazione della mariofania, quanto piuttosto per mettere in evidenza che il confronto con il dato rivelato scritto diventa uno dei criteri fondamentali per inserire il popolo di Dio nella dimensione dell'evangelizzazione sulla scia di quanto Maria possa comunicare nelle sue manifestazioni.

Inoltre, proprio il confronto con quanto le apparizioni mostrano e soprattutto sui contenuti dei messaggi trasmessi, possono diventare fonte di evangelizzazione se questi sono riscontrabili in un'esperienza ecclesiologica di attualizzazione del messaggio evangelico. Infatti, le apparizioni riportano alla dimensione del pellegrinaggio che ha un chiaro fondamento biblico e che vede Maria come protagonista.

Il pellegrinaggio era una forma religiosa già praticata nelle antiche religioni. Si praticava verso i luoghi in cui si attestava essersi manifestata la divinità. Tale tradizione risaliva fin dal II millennio a. C. I devoti si recavano nei luoghi per onorare la divinità ed implorare benefici per la propria vita.[3]

Alla base del pellegrinaggio nella Bibbia c'è l'idea del **viaggio** attraverso una strada che Dio indica a singoli o ad un intero popolo, per portare a compimento il suo progetto di salvezza.

> «Per l'uomo biblico andare in pellegrinaggio significa affrontare per gradi un passaggio dal tempo e dallo spazio *profano* a quello sacramentale qualificato».[4]

Nel decidere il pellegrinaggio il credente raccoglie la propria esistenza per affidarla alla protezione di Dio: preparazione, itinerario, tappe intermedie, riti di purificazione, preghiere, fino a raggiungere la mèta, fanno parte della grande storia della comunità ebraica e cristiana. Si può affermare che nei testi ispirati l'idea del pellegrinaggio fa

fede dei fedeli più che avvicinarla ad esse. Maria è, come dice l'inno sacro, una donna del popolo; pure lei dovette percorrere la via della fede» (W. Kasper, *Chiesa cattolica. Essenza – realtà – missione*, Editrice Queriniana, Brescia 2012, 239).

[3] S. Garofalo, *Gerusalemme/Sion,* in *Nuovo Dizionario di Teologia Biblica,* Edizioni San Paolo, Milano 1988, 585.

[4] G. De Virgilio, *La categoria biblica del pellegrinaggio e il suo simbolismo,* in Note di Pastorale Giovanile, XXXVIII (2004), 39.

da sfondo a tutta la storia della salvezza, dai racconti della creazione all'epilogo invocativo del libro dell'Apocalisse. Brani narrativi, composizioni salmiche, eventi miracolosi, elaborazioni legislative, racconti edificanti, lotte e guerre, insegnamenti sapienziali, aspetti morali, discorsi escatologici, preghiere e apologhi sono abilmente collocati lungo la narrazione della storia del cammino del popolo.

Mentre il pellegrinaggio veterotestamentario possiamo suddividerlo in quattro periodi, mostrandone l'evoluzione teologica: quello patriarcale, monarchico, post-esilio e della diaspora[5] fino a quello di Cristo; quello cristiano assume il suo significato alla luce dell'evento pasquale. Infatti,

> «se l'AT ha gettato le basi della fede peregrinante, Gesù vive questa forma di vita mostrandone il significato pieno. In Cristo, Dio stesso si è fatto pellegrino per venire ad incontrare l'uomo per le sue strade. Sappiamo che il Figlio di Dio fin dall'infanzia ha osservato la legge mosaica al riguardo. Il non aver una pietra su cui posare il capo (Lc 9,58) e la sua vita apostolica itinerante nel percorrere incessantemente i villaggi della Palestina (Mc 6,6), rivelano la sua identità di pellegrino per eccellenza».[6]

Nel vangeli si fa cenno alla tradizione peregrinante della comunità ebraica. Come era usanza del tempo, anche la famiglia di Gesù si reca in pellegrinaggio a Gerusalemme per obbedire alla legge (Lc 2,41) e nel corso della missione pubblica il Signore stesso salirà alla città santa in occasione di diverse festività ebraiche (Gv 2,13; 5,1; 7,14; 10,22; 12,12). Inoltre, accanto alla pratica dei pellegrinaggi presso i santuari, va evidenziato nei vangeli la presentazione della missione del Cristo descritta come un *viaggio* verso la città santa, dove il Signore porta a compimento la rivelazione del Padre culminata nell'evento pasquale.

[5] Cf T.M. Horner, *Chaning concepts of the stranger in the Old Testament*, in Anglican Theological Review 42 (1960), 49 -53; R. M. Achard, *Dimorare come forestiero*, in *Dizionario Teologico dell'Antico Testamento* (a cura) di E. Jenni-C. Westermann, I, Marietti, Casale Monferrato (Al), 1992, coll. 355-358; S. Rosso, *Pellegrinaggi,* in *Dizionario di Omiletica* (a cura) di A. Triacca, M. Sodi, S. Zavoli, Elledici, Torino 1998, 1199.

[6] S. Rosso, *Pellegrinaggi*, in *Nuovo Dizionario di Mariologia* (a cura) di S. de Fiores-S. Meo, Edizioni San Paolo, Cinisello Balsamo (Mi) 1996 4ª edizione, 1087.

Così la categoria del *pellegrinaggio* diventa una chiave di lettura teologica del ministero pubblico di Gesù.

In particolare è Luca, a proporre una dimensione dell'itineranza di Gesù inquadrandola in una dimensione geografico-teologica, che inizia a Nazaret (Lc 4,16-30) e si conclude a Gerusalemme (Lc 24,47)[7]. Nel suo progetto narrativo si coglie come la forma del *camminare* è un incedere che evidenzia la novità Cristologica: il discendere del Figlio nella storia (Lc 1, 34-38), il camminare per le strade portando l'annuncio del Vangelo (Lc 4, 18. 43), la chiamata a seguirlo rivolta ai discepoli (Lc 5, 1-11), la strada del suo pellegrinaggio diventa via di sequela e di evangelizzazione (Lc 9, 1-6; 10, 1-20) e di visita nella case, prima di entrare a Gerusalemme e nel Tempio in particolare. Anche il momento dell'ascensione al Padre costituisce un ultimo pellegrinaggio del Figlio nella storia.

Non è distaccato da questa visione la dimensione dell'itineranza verso le case degli uomini come forma evangelizzativa. Luca stesso presenta questa dimensione nell'esperienza della casa di Nazaret (Lc 1,26-38) unita al pellegrinaggio di Maria verso Elisabetta (Lc 1, 39-45). Anche la nascita del Messia è collocata in una casa-stalla di Betlemme (Lc 2, 1-20) e la sua vita di adolescente si svolge nella casa di Nazaret (Lc 2, 29-40).

Dopo la non felice esperienza della sinagoga di Nazaret (Lc 4,16-30), il camminare di Cristo risponde al mandato profetico affinché sia annunziata la salvezza e la liberazione dei poveri a cominciare proprio dalle case. Sembra quasi che non sia il Tempio di Gerusalemme, la mèta del viaggio di Gesù, ma il cuore della gente che si apre a questa lieta e nuova notizia e che spalanca le proprie abitazioni per accogliere il profeta (Lc 7,16) che annuncia la misericordia.

Questa proposta, frutto di annuncio del cammino del Maestro, si concretizza anche in quello che è chiamata a svolgere la comunità cristiana, affinché si raggiungano gli ultimi confini della terra passando dalla casa alla strada. Infatti da kerygma pasquale deriva un nuovo significato applicato al tema del pellegrinaggio. Il rifiuto totale della nuo-

[7] S. Fausti, *Una comunità ...,* op. cit.; M. Galizzi, *Vangelo secondo Luca*, Elledici, Leumann (To) 1994; C. Ghidelli, *Luca*, Paoline, Roma 1978;L .T. Johnson, *Vangelo di Luca*, Elledici, Leumann (To) 2004; B. Maggioni, *Il racconto ...*, cit.; J. Radesmaker, *Lettura pastorale del Vangelo di Luca,* Edizioni Dehoniane Bologna, Bologna 2011; C. Broccardo, *Vangelo di Luca,* Città Nuova, Roma 2012.

va proposta da parte di scribi e farisei (Lc 11, 37-53) e la predicazione del Signore circa la distruzione del Tempio (Lc 21, 5-7) determineranno nella coscienza della comunità post-pasquale l'abbandono del culto sinagogale e la concezione dei pellegrinaggi secondo la metodologia veterotestamentaria. La persona glorificata di Gesù che ha vinto la morte, diventa il centro della fede dei credenti, i quali non sono più legati ad un luogo terreno (Gv 2, 19.21; 4, 21-23), ma chiamati a vivere l'esperienza come un pellegrinaggio escatologico (2 Cor 5,6; Eb 13,14). Da questo ne deriva che il pellegrinaggio congiunge la categoria spazio-temporale non più finalizzata ad un calendario o ad un luogo sacro, ma al mandato evangelico e alla sua diffusione.

Infatti, la nuova comunità è chiamata ad annunziare il Vangelo ai popoli attraverso un cammino comunitario. Lo stesso cristianesimo è denominato la *via* (At 9,2; 18,25; 24,22) perché i cristiani hanno riconosciuto nel Maestro il Cristo crocifisso e risorto (Gv 14,6).[8]

Pietro e soprattutto Paolo propagano il Vangelo mettendosi in cammino verso le città sia pagane, sia ebraiche. È proprio Paolo che rievoca personalmente l'usanza del pellegrinaggio in occasione della festa di pentecoste (At 20,16; 24,11), ma si definisce e si presenta ai suoi interlocutori nelle vesti di un pellegrino in corsa (1 Cor 9, 24-27), a partire dall'ora cruciale del suo incontro sulla via di Damasco (At 9,7), fino al termine della sua esistenza spesa per Cristo (2 Tm 4, 6-8).[9]

La stessa categoria del pellegrinaggio è più volte rievocata nelle lettere neotestamentarie per esprimere la forza propulsiva della fede cristiana e della sua operosità. Essa è intesa come *movimento in avanti* (2 Tes 4,17), dinamismo itinerante (Gal 5,16; Ef 5,2; Col 2,6), corsa verso una mèta (At 20,24; Eb 12,1; 2 Tm 4,7), strada aperta per l'evangelizzazione (Rom 1,10). La comunità dei credenti in Cristo non poggia più sulla distinzione etnica dei suoi membri (Gal 3,28), né su antichi riti di purificazione (Gal 5, 6-11). Ma si auto comprende come *popolo straniero e pellegrino* (1 Pt 2,11), a somiglianza di quanti per fede decisero di mettersi in cammino per obbedire alla voce di Dio (Eb 11,13). Questo pellegrinaggio è da intendersi come *terzo esodo,* dopo quello dall'Egitto e da babilonia, che accade mentre la storia va verso il suo compimento (2 Pt 3, 5-17). Seconda questa visione i credenti vivono al

[8] Cfr G. Ravasi, *Gesù una buona notizia,* SEI, Torino 1982.

[9] Cfr G. Lohfing, *La conversione di san Paolo,* Paideia, Brescia 2011.

presente un permanente pellegrinaggio verso la Gerusalemme celeste (Gal 4,25; Eb 12,22; Ap 3, 12 – 21) e senza fuggire la sfida della storia, camminano in questo tempo penultimo aspettando l'incontro con *Colui che viene, l'Ultimo e il definitivo* (Ap 1, 8).

Da ciò si evince che è fondamentale che ogni tipo di visione mariana debba necessariamente passare per una ricaduta nella vita della comunità ecclesiale che non può incentrarsi esclusivamente sulle devozioni, ma che deve prendere le mosse da questa per rilanciare in una visione biblico-ecclesiologica tutta l'azione pastorale.[10] Prenderemo in esame le apparizioni approvate dalla Chiesa, rimandando ad un ulteriore approfondimento per quelle ancora in discussione e in verifica.

Le apparizioni

Anche nella storia dei Padri della Chiesa si menzionano le apparizioni della Vergine. Dobbiamo subito far riferimento a Gregorio di Nissa che racconta di Maria mostratasi a Gregorio Taumaturgo.

Questi nato nel Ponto (attuale Turchia) verso il 213 da una famiglia nobile pagana, studiò grammatica e retorica oltre che giurisprudenza. A Cesarea di Palestina, insieme al fratello Atenodoro, incontrò Origene che in questa città aveva fondato una scuola. La conoscenza di questo maestro sconvolse i progetti dei due fratelli e determinò la loro conversione[11]. Alla scuola di Origene, Gregorio e Atenodoro vissero cinque

[10] «Al credente e alla Chiesa dei nostri giorni è chiesto di ripercorrere lo stesso itinerario teologale e discepolare di Maria, immagine del sapiente esemplare che, seppur con qualche difficoltà, ha compreso come la ricerca di Dio attraverso Gesù e la sua parola è sempre parziale ma deve sempre e comunque continuare; non soltanto come accadeva per i saggi d'Israele, mediante l'esperienza di vita e della creazione, ma d'ora in poi attraverso il contatto quotidiano con l'umanità del Signore che a partire dalla *pienezza dei tempi* (Gal 4,4) ci ha rivelato Dio come Padre. La fede, e questo è molto importante, non è acquisizione pacifica di certezze; è, invece, un cammino, che, come è stato quello dell'ebrea-credente Maria di Nazaret, conosce la fatica della ricerca e la soddisfazione della scoperta del Dio di Cristo, sempre imprevedibile e diverso, per somma umiltà, se lo accogliamo, il Dio-con-noi e per noi» (S. M. Perrella, *L'insegnamento della mariologia ieri e oggi,* Edizioni Messaggero Padova, Padova 2002, 35).

[11] Gregorio il Taumaturgo, *Discorso a Origene,* (a cura) di E. Marotta, Città Nuova, Roma 1993.

anni approfondendo le scienze divine a tal punto da essere ritenuti degni dell'episcopato e destinati alle chiese del Ponto. Gregorio diventò il primo vescovo di Neocesarea e durante il suo periodo di episcopato si narra dell'apparizione della Madonna, la prima riconosciuta dalla Chiesa.[12]

[12] «Così dunque, costretto a sottomettersi al giogo, dopo che erano state adempiute in lui tutte le prescrizioni rituali, avendo chiesto a chi lo aveva proclamato vescovo che gli si accordasse un po' di tempo per conoscere più a fondo il mistero, pensava, come afferma l'Apostolo, di non dover prendere più consiglio dalla carne e dal sangue, ma chiedeva che il mistero gli fosse rivelato immediatamente da Dio. Perciò non osò cominciare il ministero della predicazione prima che gli fosse rivelata la verità per mezzo d'una visione. Difatti, mentre egli passava una volta la notte a riflettere sul discorso della fede, e la sua mente era occupata da varie preoccupazioni (vi erano infatti anche allora alcuni che alteravano l'insegnamento della religione, rendendo spesso ambigua, con argomentazioni ipotetiche, la verità anche per chi era esperto in queste cose), mentre dunque egli passava insonne la notte e pensava alla verità, gli apparve in visione un essere dalla figura umana, dall'aspetto senile, con un abito sacro e venerando, che dimostrava una grande virtù con la grazia del suo volto e il comportamento della sua persona. Egli allora, spaventato a quella vista, scese dal letto e chiese chi fosse e per quale motivo fosse venuto. Ed avendo l'altro tranquillizzato, con voce pacata, il suo animo agitato ed avendo risposto che gli era apparso per volontà divina, a causa delle controversie che si dibattevano nel suo ambiente, affinché fosse svelata la verità della retta fede, egli, a queste parole, riprese coraggio e guardava con gioia e stupore. Ma dopo, avendo l'altro protesa la mano in avanti, gli mostrò con il dito puntato ciò che appariva di fianco. L'aver fatto girare con la mano puntata i suoi occhi, e l'aver visto di fronte un altro fantasma in abito femminile molto più bello di quanto possa vedersi umanamente, questo lo atterrì nuovamente. Egli allora, rimanendo imbarazzato dallo spettacolo, abbassò il volto, giacché, fra l'altro, i suoi occhi non riuscivano a sopportare la visione (infatti il miracolo della visione consisteva soprattutto in questo che, pur essendo notte fonda, insieme a quelli che gli erano apparsi, brillava fortemente una luce come se fosse quella d'una fiaccola accesa, splendidamente luminosa). Poiché dunque non riusciva a sopportare con gli occhi la visione, ascoltò il discorso che quelli che gli erano apparsi facevano fra loro sulla questione discussa: in questo modo non solo fu istruito sulla vera conoscenza della fede, ma seppe anche i nomi di quelli che gli erano apparsi, giacché entrambi si chiamavano l'un l'altro con il proprio nome. Si dice infatti che da quella che era apparsa in abito femminile sentì esortare l'evangelista Giovanni a spiegare al giovane il mistero della vera religione; e che quello rispose di essere pronto a favorire anche in questo la Madre del Signore, giacché così le piaceva. E così, dopo aver esposto la questione in modo conveniente e ben definito, improvvisamente scomparve alla vista. Ed egli subito mise per iscritto quel divino insegnamento e, dopo ciò, lo predicò in Chiesa in maniera identica, e lasciò ai posteri quell'insegnamento come un'eredità data da Dio. E fino ad oggi il popolo di quella città, che è rimasta immune da ogni eretico errore, è istruito per mezzo di questo insegnamento» (GREGORIO DI NISSA, *Vita di Gregorio Taumaturgo*, (a cura) di L. Leone, Città Nuova, Roma 1988, 50-51).

Anche lo storico Sozomeno del 450 descrive come le apparizioni della Madre di Dio che avvenivano a Costantinopoli avevano creato una specie di gruppo di preghiera che si riuniva nelle case traendone benefici per l'esperienza di fede. Si afferma che

> «in quel periodo gli Ariani, continuavano ad avere il possesso delle chiese. Ma Gregorio Nazianzeno era alla guida di coloro che professavano la consustanzialità della Trinità. Qui in una piccola casa, mutata appositamente in casa di preghiera, egli teneva le assemblee con alcuni di quelli che avevano la sua stessa fede e che seguivano lo stesso suo culto religioso. Successivamente questa si distinse tra le altre chiese della città, e tuttora si distingue con solo per la sua eleganza e la sua grandezza, ma anche per i continui benefici derivanti dalle visibili apparizioni. Infatti la potenza divina qui, mostrandosi in modo manifesto …, spesso venne in socorso a quelli che erano depressi o da malattie o da impreviste sciagure. Si crede che sia la santa Vergine Madre di Dio, poichè si diceva che essa era solita fare delle apparizioni»[13].

In Maria Gregorio vede la Chiesa che esprime l'amore trinitario di Dio attraverso il servizio.

Si narra anche dell'apparizione di Maria a S. Martino di Tour da parte di Sulpicio Severo, quella a un architetto da parte di Gregorio di Tour e all'abate Ciriaco da parte di Giovanni Mosco.

Il secondo millennio è segnato da sempre più documentate apparizioni e da un loro crescendo impressionante, soprattutto a partire dal XIX secolo. Secondo alcuni dalle origini dell'avvento del cristianesimo si parla di circa duemila modi tra apparizioni e interventi con cui Maria abbia mostrato la sua presenza tra gli uomini.[14]

Tra queste la Chiesa ne ha riconosciute alcune: Città del Messico del 1531; Rue du Bac del 1830; La Salette del 1846; Lourdes del 1858; Knock del 1879; Fatima del 1917; Beaureing del 1932; Banneux del 1933. Non meno importanti, ma più vicine ai nostri giorni sono: Akita degli anni '70; Kibeho dal 1981 al 1989; Amsterdam dal 1945 al 1959; Laus dal 1664 al 1718, ma riconosciute solo nel 2008; Champions del 1859, ma riconosciute nel 2010.

[13] Sozomeno, *Storia Ecclesiastica*, 7, 5; GCS 50,306. PG 65, 1424 C – 1425 B.

[14] Cf R. Laurentin-P. Sbalchiero, *Dizionario delle apparizioni della Beata vergine Maria,* Edizioni Art, Roma 2010.

Nostra Signora di Guadalupe è l'appellativo con cui si venera Maria in seguito a una apparizione che sarebbe avvenuta in Messico nel 1531.

Secondo il racconto tradizionale, Maria sarebbe apparsa a Juan Diego Cuauhtlatoatzin, un azteco convertito al cristianesimo, sulla collina del Tepeyaca nord di Città del Messico, più volte tra il 9 e il 12 dicembre 1531, dove nel 1557 fu eretta una cappella. Il nome Guadalupe sarebbe stato dettato da Maria stessa a Juan Diego: alcuni hanno ipotizzato che sia la trascrizione in spagnolo dell'espressione azteca *Coatlaxopeuh*, "colei che schiaccia il serpente" (cfr. Genesi 3,14-15).

Secondo il racconto tradizionale, Juan Diego avrebbe visto per la prima volta la Madonna la mattina del 9 dicembre 1531, sulla collina del Tepeyac vicino a Città del Messico. Ella gli avrebbe chiesto di far erigere un tempio in suo onore ai piedi del colle: Juan Diego corse a riferire il fatto al vescovo. Dopo ripetute insistenze dovute al rifiuto del vescovo, e alla richiesta di un segno, Juan Diego portò al vescovo dei bellissimi fiori di Castiglia, fioriti fuori stagione in una desolata pietraia che Maria gli aveva consegnato. Egli ne raccolse un mazzo nel proprio mantello e andò a portarli al vescovo.

Quando Juan Diego aprì il mantello per mostrare i fiori, all'istante sulla tilma si sarebbe impressa e resa manifesta alla vista di tutti l'immagine della Vergine Maria. Di fronte a tale presunto prodigio, il vescovo cadde in ginocchio, e con lui tutti i presenti. La mattina dopo Juan Diego accompagnò il presule al Tepeyac, per indicargli il luogo in cui la Madonna avrebbe chiesto fosse innalzata una cappella e l'immagine venne subito collocata nella cattedrale.[15]

Il mantello chiamato *tilma* trattasi di due teli di *ayate* (fibra d'agave) cuciti insieme, racchiude l'immagine di Maria a grandezza quasi naturale. Le sue fattezze sono quelle di una giovane meticcia e la carnagione è scura. Maria è circondata dai raggi del sole e ha la luna sotto i piedi; indossa una cintura di colore viola che, tra gli aztechi, indicava lo stato di gravidanza; sotto la luna vi è un angelo dalle ali colorate di bianco, rosso e verde (i colori dell'attuale bandiera messicana), che sorregge la

[15] Cf M. Testoni, *Guadalupe. Storia e significato delle apparizioni,* Edizioni San Paolo, Milano 1988.

Vergine.[16] Sebbene con i tratti somatici aztechi, la raffigurazione rimanda alla donna dell'Apocalisse.[17]

La scoperta più recente e sconvolgente nello stesso tempo, da parte di alcuni scienziati, grazie all'ausilio di alcune sofisticate apparecchiature, ha mostrato la presenza di tredici persone riflesse nelle pupille della Vergine. Sono presenti Juan Diego e il vescovo con altri personaggi durante il miracolo dei fiori. Maria insegna alla comunità ecclesiale a guardare nel profondo delle cose e ad investigare nella dimensione delle povertà del mondo.[18]

L'apparizione a Suor Caterina Labouré, Figlia della Carità di S. Vincenzo De Paoli, del luglio 1830 narra dell'invito a lei rivolto durante la notte di recarsi in cappella e vide la Vergine che la trattenne per circa due ore predicendole ciò che sarebbe accaduto 40 anni più tardi: la Rivoluzione del 1870 e prima di scomparire, le promise che sarebbe tornata per affidargli una missione.[19]

La seconda apparizione avvenne nel novembre 1830. All'altezza del cuore, l'Immacolata reggeva con le mani e stringeva amorosamente un altro piccolo globo dorato, offrendolo a Dio con atteggiamento materno. Poi le dita della Vergine si riempirono di anelli splendenti, ornati di pietre preziose che irradiavano fasci di luce verso il basso. Ad un tratto il piccolo che la Madonna teneva sul cuore scomparve in alto e le sue mani si abbassarono, avvolgendo il mondo che aveva sotto i pie-

[16] Cfr C. Perfetti, *La Madonna di Guadalupe. Fascino e mistero di un'immagine, E*dizioni San Paolo, Milano 2003.

[17] «Il simbolo apocalittico, oltre che un contenuto proprio, ha una forza ascetica, che aiuta a riscoprire e ad esercitare quello che il soggetto ecclesiale ha in mente, pensa e desidera. Se il gruppo ecclesiale discernente sa già in anticipo che esiste una funzione di maternità messianica di Maria, la lettura del simbolo aiuta a rievocarla e a gustarla. Pensando, così, alla donna vestita di sole nel senso di una particolare vicinanza fecondatrice di Dio, il gruppo ecclesiale potrà sentirsi richiamata la figura di Maria nel suo rapporto ineffabile con Dio come ci indica Luca. Lo spasimo delle doglie del parto richiama il quadro di Gv 19, 15-17 dove, accanto alla croce, Maria riceve l'incarico messianico di madre della Chiesa. Il periodo del deserto potrà suggerire il travaglio di maturazione che Maria superò durante la vita pubblica di Gesù» (U. Vanni, *L'apocalisse ...*, cit., 251).

[18] Cfr A. Mattioni, *Un gran segreto è nascosto negli occhi della Madonna di Guadalupe,* in www.unirenelcuore.com; J. Hernandez Illescas, *Centro di Studi Guadalupani,* Città del Messico 2008.

[19] Cfr G. Ragozzino, *La medaglia miracolosa. Una lettura esegetica,* Edizioni Messaggero Padova, Padova 2012.

di con raggi luminosi, simbolo delle grazie ottenute per noi. Si formò quindi, attorno alla figura della SS. Vergine, una cornice ovale con le parole della giaculatoria a caratteri d'oro: **"O Maria, concepita senza peccato, prega per noi che ricorriamo a voi!"**. Poi il quadro sembrò voltarsi. La figura della Madonna scomparve e rifulse al centro una grande M, sormontata da una croce e separati da una sbarra. Sotto la "M" brillarono i Sacri Cuori di Gesù e di Maria e attorno si stagliarono 12 fulgidissime stelle. La veggente sentì una voce che la invitava a coniare una medaglia per la protezione di chi l'avesse invocata e poter ricevere le grazie.[20]

La diffusione della medaglia avvenne in modo graduale. Il permesso venne accordato con entusiasmo ed ebbe modo di sperimentarne l'efficacia con la **conversione dell'ex vescovo di Malines,** Mons. Pradt che, divenuto scismatico, era in pericolo di morire fuori della Chiesa.

In realtà la medaglia benedetta, secondo la teologia, non ha nulla di "miracoloso", ma è **un sacramentale molto importante** che dimostra la devozione della persona per Maria Santissima.[21]

L'apparizione della vergine Maria a **La Salette**[22] avvenne il 19 settembre 1846, su una montagna vicina al villaggio di La Salette-Fallavaux a due ragazzi, una pastorella di quindici anni di nome Mélanie Calvat e un giovane pastore di undici anni di nome Maximin Giraud, mentre pascolavano le mucche.

Secondo il loro racconto riportato da due adolescenti l'apparizione sarebbe avvenuta in tre momenti. Nel primo momento una luce risplendente una *bella Signora*, vestita di un abito non appartenente alla cultura francese si mostra seduta su una roccia, in lacrime, con la testa fra le mani. In un secondo momento la stessa, avrebbe loro affidato un messaggio diretto all'intera umanità annunziando la divina Misericordia per coloro che si sarebbero convertiti. Successivamente gli avrebbe comunicato un segreto.

[20] Cfr A. Bernet, *Vita nascosta di Caterina Labourè. La straordinaria storia della medaglia miracolosa,* Edizioni San Paolo, Milano 2012.

[21] Cfr J. Guitton, *La medaglia miracolosa. Al di là della superstizione*. Edizioni San Paolo, Milano 2012.

[22] Cf G. Barbero, *La Vergine a La Salette. Storia dell'apparizione*, Edizioni San Paolo, Milano 2004.

La richiesta della conversione da parte della Vergine in modo particolare rivolta ai sacerdoti, e della sua stessa apparizione, oltre che provocare dubbi ed inquietudini portò alla conversione da parte del padre di uno dei ragazzi e la presenza del popolo durante i pellegrinaggi successivamente avvenuti rivela la fondatezza dell'evento.

Tra le apparizioni più conosciute c'è quella di Bernadette a **Lourdes** avvenute tra il febbraio e luglio 1958[23]. Anche in questo caso l'apparizione avviene ad un povera fanciulla di una cittadina dei Pirenei a cui è chiesto di far erigere una cappella nella discarica di Massabielle oltre alla recita del rosario quotidiano. Il segno della presenza della Vergine è data dallo sgorgare di una sorgente d'acqua proprio nel luogo dove Bernadette aveva indicato la presenza di Maria.

L'affermazione più importante che la piccola fanciulla riportò dall'apparizione del 25 marzo 1858 è che la Signora avrebbe affermato di essere l'Immacolata Concezione. Essendo Bernadette una contadina analfabeta che non aveva neppure frequentato il catechismo, molto probabilmente non conosceva la dichiarazione dogmatica del 1854. Lei stessa raccontò di non sapere il significato di quelle parole e di essere stata capace di riferirle solo perché nel correre a casa le aveva continuamente ripetute tra sé e sé.

Bernadette non aveva conoscenze di nessun tipo, per questo fu interpretato dagli scettici come prova che la ragazza era "manovrata" da qualcuno; al contrario, il parroco Peyramale (inizialmente scettico anche lui) fu dapprima sorpreso per tale espressione, e poi convinto, divenendo un sostenitore dell'autenticità delle apparizioni. Secondo i fedeli, quindi, la Madonna stessa avrebbe con la propria presentazione confermato il dogma promulgato dal Papa Pio IX.

Un'altra apparizione è quella di **Knock**, un piccolo e povero paese, situato nell'Irlanda nord-occidentale, presso *Croagh Patrick,* la montagna sacra dalla cui cima s. Patrizio liberò, con il suono di una campana, l'isola dai rettili e dalle bestie velenose.

Il 21 agosto 1879, la Madonna apparve su un cornicione della Chiesa parrocchiale ad una quindicina di persone durante una pioggia tor-

[23] Cf R. LAURENTIN, *Lourdes. Cronaca di un mistero*, Mondadori, Milano, 1998.

renziale, avendo alla sua destra S. Giuseppe in atteggiamento di preghiera e alla sua sinistra S. Giovanni evangelista, che reggeva con una mano un libro liturgico e con l'altra indicava Maria.

Per due ore i veggenti pregarono sotto la pioggia senza bagnarsi Il significato simbolico della visione era facilmente intuibile. Al centro dell'altare brillava l'Agnello immolato, come lo vide nell'Apocalisse S. Giovanni sopra l'altare d'oro del cielo. Così viene ricordato il sacrificio del Calvario, reso presente ogni giorno dalla Messa celebrata e, nel cielo, dall'offerta di Cristo al Padre delle sue piaghe gloriose e della sua obbedienza d'amore. S. Giovanni, il primo figlio di Maria, appare come sacerdote e, additando la Vergine, rievoca il ruolo di Corredentrice svolto da Lei sul Calvario. Tutto ciò riecheggia quanto il Concilio ha affermato dicendo che la

> «maternità di Maria nell'economia della grazia perdura senza soste dal momento del consenso fedelmente prestato nell'Annunciazione e mantenuto senza esitazioni sotto la croce, fino al perpetuo coronamento di tutti gli eletti. ... Con la sua materna carità si prende cura dei fratelli del Figlio suo ancora peregrinanti e posti in mezzo a pericoli e affanni, fino a che non siano condotti nella patria beata. Per questo la beata Vergine è invocata nella Chiesa ... Mediatrice. Ciò però va inteso in modo che nulla sia detratto o aggiunto alla dignità e alla efficacia di Cristo, unico Mediatore. Nessuna creatura infatti può mai essere paragonata col Verbo incarnato e redentore. Ma come il sacerdozio di Cristo è in vari modi partecipato, tanto dai sacri ministri, quanto dal popolo fedele, e come l'unica bontà di Dio è realmente diffusa in vari modi nelle creature, così anche l'unica mediazione del Redentore non esclude, bensì suscita nelle creature una varia cooperazione partecipata da un'unica fonte».[24]

Fra le apparizioni mariane, quelle relative a **Nostra Signora di Fátima** hanno una particolare importanza. Secondo il racconto di tre piccoli pastori, i fratelli Francisco e Giacinta Marto e la loro cugina Lucia dos Santos, il 13 maggio 1917, mentre badavano al pascolo vicino alla cittadina portoghese di Fátima, riferirono di aver visto scendere una nube e, al suo diradarsi, apparire la figura di una donna vestita di bianco con in mano un rosario, che identificarono con la Madonna. Dopo que-

[24] LG 62.

sta prima apparizione la donna avrebbe dato appuntamento ai bambini per il 13 del mese successivo, e così per altri 5 incontri, dal 13 maggio fino al 13 ottobre.

Le apparizioni continuarono per un po' di tempo e furono accompagnate da rivelazioni su eventi futuri, in particolare: la fine della prima guerra mondiale a breve; il pericolo di una seconda guerra ancora più devastante se gli uomini non si fossero convertiti; la minaccia comunista proveniente dalla Russia, debellabile solo mediante la Consacrazione della nazione stessa al Cuore Immacolato di Maria, per opera del Papa e di tutti i Vescovi riuniti. A conferma della promessa fatta ai tre pastorelli dalla Madonna riguardo a un evento prodigioso, il 13 ottobre 1917 molte migliaia di persone, credenti e non credenti, riferirono di aver assistito ad un fenomeno che fu chiamato "miracolo del sole". Molti dei presenti, anche a distanza di parecchi chilometri, raccontarono che mentre pioveva e spesse nubi ricoprivano il cielo, d'un tratto la pioggia cessò e le nuvole si diradarono: il sole, tornato visibile, avrebbe cominciato a roteare su se stesso, divenendo multicolore e ingrandendosi, come se stesse precipitando sulla terra.

I due fratelli Francesco e Giacinta morirono pochi anni dopo, rispettivamente nel 1919 e nel 1920, a causa dell'epidemia di spagnola che in quegli anni fece molte vittime anche in Portogallo. Lucia invece divenne monaca carmelitana scalza, e mise per iscritto nelle sue *Memorie* gli eventi accaduti a Fatima, così come lei stessa li aveva visti.[25]

Il messaggio di Fátima può essere riassunto principalmente come un invito alla penitenza e alla preghiera. Le apparizioni dell'Angelo nel 1915 non servirono ad altro che a mostrare ai bambini con quale contrizione si dovesse pregare, spiegò loro la grande importanza del compiere sacrifici in riparazione per le offese commesse contro Dio e, nella sua ultima apparizione, mostrò il modo consono di ricevere il sacramento dell'Eucarestia. La Madonna ribadì parecchie volte l'esortazione alla recita del rosario ogni giorno.[26]

Non meno importanti possono essere considerate le apparizioni di **Maria a Beaureing in Belgio** nel 1932 e a **Banneux** sempre in Belgio nel 1933.

[25] T. Bosco, *Tre ragazzi ...*, cit.

[26] T. Bertone, *L'ultimo segreto di Fatima,* Rizzoli, Milano 2010.

Tra le ultime mariofanie approvate dalla Chiesa ricordiamo **Akita** in Giappone nel 1984, **Kibelo** in Rwanda nel 2001, senza dimenticare anche quelle di **Amsterdam** del 1945, **Laus** in Francia dal 1664 al 1718 e **Champion** negli Stati Uniti d'America del 1859.[27]

Implicazioni pastorali

Dalle apparizioni emergono delle chiare implicazioni pastorali che possono determinare le scelte nelle realtà concrete. La motivazione che deve spingere a progettare una realtà pastorale senza tralasciare queste manifestazioni personali che coinvolgono il popolo di Dio permette anche di enucleare una svolta di evangelizzazione.

Infatti, dalle apparizioni emergono tre elementi fondamentali:

- la costruzione di un luogo di preghiera in cui non solo si ricordi l'evento avvenuto, ma che coinvolga il popolo alla preghiera;
- l'attenzione nella centralità di una comunità ecclesiale incentrata nell'Eucarestia;
- l'attenzione specifica verso i poveri e i piccoli che appaiono chiaramente gli interlocutori privilegiati del messaggio da trasmettere.

Da questi tre elementi comuni che s'intravedono nelle diverse apparizioni in cui la vergine Maria ha mostrato se stessa come ponte e arca di un'alleanza nuova da trasmettere a tutti è possibile con molta chiarezza intravedere le possibili interpretazioni e applicazioni da poter fare in una comunità ecclesiale.

La costruzione di una cappella apparirebbe anacronistico in una visione di Chiesa che punti ad un'evangelizzazione capillare. Risulterebbe ancora dinanzi a noi la realizzazione di una Chiesa attendista piuttosto che missionaria ed incisiva. In realtà questa proposta è intravedibile nella proposta del primo anno in cui Maria è vista come donna laica. Infatti, l'annuncio da portare nelle case e negli ambienti abitati anche se dislocati in contesti distanti alla struttura Chiesa e il proporre la conoscenza del Vangelo oltre che una nuova iniziazione alla vita liturgica nel cammino dell'anno liturgico condurre non solo ad contatto

[27] A. Grasso, *Problematiche e significati delle Mariofanie*, in *Laos* 19 (2012), 11-12.

con i lontani, ma anche a vivere insieme un'esperienza di carità. Da qui la necessità dei centri di evangelizzazione che superino l'idea della "plantatio ecclesiae" come modalità di incentivazione della proposta cristiana. Il centro di evangelizzazione non deve essere luogo di un nuovo culto, ma di incontro. Maria, quando si mostra ai suoi interlocutori non chiede di rimanere fermi in quel luogo, ma li spinge a comunicare quanto essa e soprattutto il Vangelo intende raggiungere. Il centro di evangelizzazione dei santuari mariani in alcuni casi appare fuori dal mondo. In realtà gli stessi santuari devono poter diventare dei centri di prima e nuova evangelizzazione non solo attraverso la proposta emotiva dell'incontro con Cristo, ma quello di saper interagire proprio nella ricerca appassionata della verità attraverso un'evangelizzazione che abbia nella catechesi il suo fulcro imprescindibile. La fede deve diventare un incedere pellegrinante storico concretizzando la logica nuova per intravedere Cristo nella storia. Non dobbiamo mai dimenticare che la storia degli uomini ha un fine soprannaturale e ogni azione deve unire la visione dell'immanente con quella del trascendente. Sant'Agostino non attribuisce alla città del demonio il dominio del mondo e a quella divina il regno dell'al di là. In mezzo a queste due città sta la città degli uomini, ossia l'umanità che vive sulla terra, passando il proprio periodo di prova. Essa è l'oggetto della contesa fra le due altre città nemiche che lottano per conquistare la storia.[28] Anche la Bibbia è nello stesso tempo una riflessione antropologica, escatologica e pneumatologia. L'uomo diventa il soggetto dell'azione salvifica raggiunto dall'intera comunità ecclesiale.Di qui capiamo che la storia è contemporanea alla storia dell'amore di Dio. L'azione pastorale diventa credibile se oscilla tra il presente e l'Assoluto ponendo tutti nella dimensione teleologica dell'agire[29]. Di qui nascono le scelte e le vere forme di evangelizzazione.

> «Il problema politico è secondario in un mondo in cui tutto è deciso dalle forze economiche, e se noi non operiamo, se non ci confrontiamo con i nodi vitali, quelli economici, tamponiamo di qua e di la', ci arrabbattiamo, perdiamo tempo ma non risolviamo nulla perché il cuore di tutto è l'economia. Bisogna ritornare al sogno di Dio, un'economia

[28] Agostino, *La città di Dio,* Città Nuova, Roma 2001

[29] Cf L. Giussani, *Certi di alcune grandi cose,* Rizzoli, Milano 2007, 433.

di uguaglianza, espressa da Mosè in quella manna che se veniva capitalizzata durante la marcia del deserto».[30]

La scelta sta nel comunicare questo incontro di Dio da parte della Chiesa con tutti e indistintamente con ciascuno.[31]

L'attenzione alla centralità di ogni apparizione rimanda a quella di Cristo e dell'Eucarestia. Tale binomio non si discosta dall'azione della proposta di evangelizzazione riportata per passare dalla Chiesa della sterilità alla comunità della fecondità. Infatti oggi ci si imbatte in una difficoltà oggettiva dal trovare una comunità che si proietti nella misura della fecondità. Attualmente possiamo definire che ci troviamo di fronte a quattro grosse tipologie di parrocchie. Partendo da questa disamina si potrebbe ipotizzare un probabile indirizzo che abbia basi biblico-teologiche-pastorali in grado di proiettare le stesse parrocchie in prospettiva di una nuova evangelizzazione.

a) *La parrocchia di stampo tradizionalista*

Ha una visione concentrata su una pastorale legata alle tradizioni popolari. Non si discosta dall'indicare nella preghiera e nelle recite di alcune formule catechistiche tanto da limitare ad esse la sua azione di evangelizzazione. Nessuno deve poter dire che sia inefficace. La scansione del tempo con questi ritmi e con queste forme riflette una continuità di fede, ma la comunità si ritrova ripiegata su stessa e poco attenta alla dimensione di ciò che accade al di fuori di essa.

È una pastorale votata alla "divina Provvidenza". In termini più chiari si tratta di una pastorale attendista che aspetta che qualche fenomeno possa coinvolgerla. Tale pastorale non rivela l'anelito alla ricerca ed è poco missionaria. La missione è vista solo come qualcosa a distanza dimenticando che attualmente la comunità ecclesiale è solo un piccolo gregge e che l'epoca delle grandi masse oceaniche è finita da un pezzo.

L'azione catechetica appare del tutto assente. È semplicemente un'azione catechistica finalizzata alla sacramentalizzazione e stigmatizzata in tempi e modi prefissati che difficilmente vengono modificati.

[30] A. Zanotelli, *Leggere l'impero*, Editrice La Meridiana, Molfetta (Ba) 2003, 24-28.

[31] Cf A. Bello, *Insieme ...*, cit., 150-152.

b) ***La parrocchia di stampo missionario***

Questa parrocchia è tutta concentrata su iniziative finalizzate a creare un'attenzione verso realtà che non si limitano alle iniziative ristrette della stessa. Spesso è intraprendente, ma nello stesso tempo si ritrova a dover fare i conti con quell'indifferentismo religioso di cui è pervasa la nostra società.

Una parrocchia dal cuore missionario non disdegna i centri di ascolto o le forme da comunità di base latinoamericane. Riesce a creare ponti con la realtà e a incontrare persone che difficilmente s'incrociano con le strade della parrocchia, ma le sue difficoltà nascono da una prassi di continuità che non riescono a mettere in atto.

L'azione catechetica risulta efficace, ma non s'intravede l'obiettivo da raggiungere perché sembra perdersi per strada.

c) ***La parrocchia di stampo catecumenale***

È la parrocchia che cerca di coniugare la prassi dei sacramenti con nuove proposte di itinerari di fede. Incontra spesso molte difficoltà nell'indicare le proposte delle nuove strategie perché la fede è generalmente confusa con il fare o con il conseguimento dei sacramenti.

Spesso in essa manca una programmazione unitaria. La catechesi e i rispettivi catechisti dei ragazzi, dei giovani o e degli adulti camminano in maniera autonoma. La liturgia è ad appannaggio di altri sensibili alle celebrazioni e al canto e la carità delegata a buone e brave persone che cercano soluzioni a situazioni intrigate.

La parrocchia di stampo catecumenale prevede un unico itinerario di fede per la comunità e non si può limitare a viverla saltuariamente. A volte sembra andare ad una velocità troppo rapida rispetto a quella di sempre e viene da alcuni o defezionata o osteggiata perché si vorrebbe rinvangare la pastorale della pietà popolare come strumento di tradizione della fede, dimenticando che la fede è un cammino e non una mèta raggiunta.

d) ***La parrocchia di stampo "normale"***

Definirla in questo modo sembrerebbe inopportuno, ma in realtà in questa tipologia ci sono parrocchie che pur avendo grosse potenzialità e soprattutto una grossa massa di frequentanti sembra non incidere né su questi, né sul territorio. Si tratta di quella parrocchia dove tutto si svolge al proprio interno con una forte vivacità, ma spesso poco aperta alla diocesanità e per nulla proiettata nel servizio e nell'attenzione alla realtà sociale e politica di una comunità in cui l'essere cittadini vuol dire essere cristiani.

Spesso frequentata anche da giovani finisce per esserne limitata e difficilmente questi ultimi sono pronti all'azione dell'evangelizzazione e del dono. I compiti di questa parrocchia sono spesso divisi e i risultati sembrano non arrivare mai.

Quale parrocchia-comunità ecclesiale per l'evangelizzazione?

Se parlando di nuova evangelizzazione l'attenzione è stata incentrata su temi precedentemente indicati è necessario che anche la comunità ecclesiale del futuro ruoti intorno a queste realtà per rilanciarsi nell'azione pastorale

È, infatti, chiamata a **conversione.** Non si può accettare né la parrocchia di stampo tradizionale, né quella della semplice realtà catecumenale, né quella di stampo normale che non si schiera mai da nessuna parte, né quella semplicemente di stampo missionario.

La conversione della comunità ecclesiale sta nell'attenzione alla continuità nella discontinuità. Senza tradire il senso del passato e della prassi catechistico/catechetica essa richiede un'innovazione. La parrocchia oggi deve concentrasi sui centri di evangelizzazione e sulla presenza nel territorio di luoghi in grado di poter fare da punto di riferimento della gente. La difficoltà del superamento del vicinato presente cinquant'anni fa fanno da contrappeso all'anonimato di oggi dove le comunicazioni via cavo o via telematica sostituiscono il faccia a faccia e il rapporto personale. I centri di evangelizzazione devono poter essere scuole educative alla preghiera liturgica e punto di riferimento per poter ritrovare il senso della fede perduta superando il nozionismo della fede e passando alle motivazioni della fede.

La finalità è la realizzazione del regno di Dio che deve realizzarsi in Cristo. La mancanza di un cammino di fede appare maggiormente marcato nelle città e l'indifferenza religiosa, sia nella fascia giovanile sia in quella degli adulti di mezza età è palesemente evidente. Tale modello consente di riproporre la riscoperta del Cristo non come un'alternativa o un esempio da imitare in casi urgenti di necessità, ma come un'esperienza da vivere comunitariamente nella prospettiva dell'annuncio.

La presenza della comunità ecclesiale nella quotidiana vita frenetica e soprattutto con la costanza della riproposta della Parola di Dio rivela come è possibile una nuova evangelizzazione attraverso la riproposta del mistero dell'Incarnazione usando la medesima metodologia pedagogica di Gesù che si è manifestato soprattutto attraverso la misericordia. Egli più che scontrarsi con il mondo a Lui ostile sia romano, sia ebraico ha preferito inserirsi nel tessuto dell'uomo elevandone la sua dignità e soprattutto proiettandolo nella logica della responsabilità affinché fosse responsabilizzato e nel medesimo modo incisivo. La metodologia della misericordia, inoltre, indicata da Gesù all'opposto di quella della forza romana e della vendetta ebraica, indica come proprio attraverso la riconciliazione è possibile vivere nella prospettiva evangelizzativa.

L'azione pastorale

Si comprende come l'azione pastorale della "comunità ecclesiale" s'inserisce nella progettualità della nuova evangelizzazione poiché la comunità ecclesiale da area di parcheggio o esageratamente da supermarket sacramentale, assume la concretezza di una casa in cui ci si trovi per incontrare il Signore, amico di tutti senza alcuna esclusione. Infatti per realizzare la nuova evangelizzazione è necessario accogliere tutti, aprirsi di più al quartiere, lievitare di più la vita di ogni giorno per evitare che avendo una Chiesa si smetta di essere Chiesa, fare della Chiesa una grande casa e delle case tante piccole cellule della Chiesa, respirare maggiormente le dimensioni della Chiesa diocesana, della Chiesa universale e del mondo.[32]

[32] «Vi chiedo di *farvi finestra* e non soltanto di leggere la finestra. Vi chiedo di respirare e mettere in circolazione un'aria nuova. Ma per fare questo dobbiamo *inspirare* sempre più a fondo l'aria della fede che ha in queste terre la sua origine. Spirito Santo vuol dire proprio *respiro di Dio:* esso entra in noi attraverso la Parola, la preghiera e la vita di comunione con la Chiesa (quella di oggi e quella di ieri), fruttifica e si manifesta nella carità, nella mitezza, nell'unità, nell'abbandono fiducioso alla Provvidenza, nell'accettazione delle potature della vita e nella morte a se stessi. Nessuno si illuda: o respiriamo Spirito Santo o respireremo sempre più aria inquinata, o passiamo attraverso il Vangelo così come è scaturito dal grembo di Maria e si è manifestato nella croce o saremo sempre più chiusi gli uni agli altri» (A. SANTORO, *Lettere dalla Turchia*, Città Nuova, Roma 2007 (4 Ed), 73) .

È la parrocchia della nuova evangelizzazione che diventa *comunità della presenza* poiché "solo una comunità accogliente e dialogante può trovare le vie per instaurare rapporti di amicizia e offrire risposte alla sete di Dio che è presente nel cuore di ogni uomo".[33]

Appare chiaro che nella dimensione evangelizzativa della *comunità della presenza* c'è la consapevolezza e la concretezza di un lavoro di stretta collaborazione tra laici e presbiteri poiché essa s'incarna nei problemi di tutti e dove ognuno si autoresponsabilizza ad essere un evangelizzato e un evangelizzatore.

Tutto ciò si può realizzare attraverso quella riproposta e approfondimento , attraverso la catechesi, della Bibbia e quel il ritorno alle radici e alle origini della storia della salvezza ritrasmettendo il Vangelo con i linguaggi più consoni di oggi, riproponendo l'esperienza di Nazaret di cui Maria è protagonista come fondamento della comunità della presenza che realizza la nuova evangelizzazione.[34] Non è il Vangelo di alcuni, ma quello in cui tutti sono chiamati ad essere presenti e a non defilarsi di fronte ai diversi problemi che la stessa comunità è chiamata ad affrontare.[35]

[33] CONFERENZA EPISCOPALE ITALIANA, *Educare alla Vita Buona del Vangelo. Orientamenti pastorali per il decennio 2010/2020*, Edizioni San Paolo, Milano 2010, 41. D'ora in poi EVBV.

[34] «Nazareth è la pochezza, la normalità, la quotidianità abitata e attraversata e assunta e trasfigurata e redenta e divinizzata dal Cristo, che si fa morte per liberare da una vita all'insegna del terrore della morte. Nazareth è l'adultera che in essa circola ed è condannata, ed è riprovata da se stessa agli occhi propri, o è sprezzante e vanitosa, o semplicemente dal cuore inquieto, desideroso, incerto. Nazareth è il litigio in piazza, l'odio tra i vicini, il furto delle pecore, la condanna dello sbandato, il giovane insoddisfatto che lasciò la casa, i malati senza avvenire, gli impuri rigettati fuori dall'abitato, l'ignoranza orgogliosa, l'orgoglio ipocrita, la santità e la rettitudine senza riconoscimenti. La vita pubblica di Gesù sarà la proclamazione in parole e opere di ciò che la sua presenza, e Dio in tutti, ha operato nascostamente, nella carne e nel sangue di Nazareth. È la vita pubblica che va letta e capita alla luce di Nazareth, è Nazaret che permette di cogliere la Buona Notizia, di decifrare l'operare di Gesù, di cogliere l'anima delle sue parole, dei suoi incontri, di cogliere il fondo e la concretezza della sua incarnazione, della sua croce, della sua morte e della sua resurrezione» (A. SANTORO, *Diario di Terra Santa 1980 - 1981,* Edizioni San Paolo, Milano 2010, 104).

[35] «Oggi si impone la ricerca di nuovi linguaggi, non autoreferenziali e arricchiti dalle acquisizioni di quanti operano nell'ambito della comunicazione, della cultura e della fede. Per questo è necessario educare ad una fede più motivata, capace di dialogare anche con chi si avvicina alla Chiesa solo occasionalmente, con i credenti di altre religioni e con i non credenti» (EVBV 41).

Tutto ciò senza tralasciare i punti essenziale di una pastorale consolidata nella prassi odierna della Chiesa: *l'Eucarestia domenicale* in cui oltre la celebrazione è necessario che ci sia un tempo congruo *per* fermarsi con la gente alla fine della celebrazione; vivere *l'anno liturgico* come un itinerario di fede,[36] riscoprendo *la Parola di Dio, l'ospitalità e il servizio*.[37]

L'obiettivo della *comunità della presenza* è quello di superare gli ostacoli per coinvolgere i giovani. Oggi si notano notevoli difficoltà a stare con loro perché spesso la pastorale giovanile sembra essere un mondo "a latere" di una forza da utilizzare e non da responsabilizzare. La pastorale giovanile è solo un settore dell'intera pastorale comunitaria in cui solo nei modi deve differenziarsi da quanto proposto per il resto della comunità, ma è necessario che persegua il medesimo itinerario che permetta di essere realizzato soprattutto nei luoghi che abitualmente i giovani frequentano, ma che vedono assente proprio la comunità ecclesiale.

La seconda direzione della comunità della presenza permetterà di non dimenticare, né demonizzare la realtà sempre più crescente di famiglie irregolari di tutti i tipi avvolte nella società del relativismo e della frammentazione che preferiscono spesso sentirsi rigettati e non coinvolti. La famiglia oggi è un grosso problema, poiché ha tempi e realtà soprattutto nuove, proprie nelle grandi città. Non possiamo sot-

[36] «La pastorale è vera ed autentica quando aiuta ad *entrare* nel mistero ed avere il massimo contatto con il Signore nell'assemblea dei battezzati per fare di tutta la vita un sacrificio spirituale gradito a Dio. Il memoriale, infatti, non è altro che una celebrazione sacramentale tutta incentrata sul mistero pasquale e che ha come scopo di inserire i partecipanti in questo grande evento cui tendono tutti gli altri eventi. … La liturgia è sempre l'atto dei credenti che consapevolmente sanno ciò che celebrano e alimentano la loro fede mediante la celebrazione stessa (SC 9-14; 19; 48). Si arriva all'anno liturgico, non si parte dall'anno liturgico per la prima evangelizzazione; dentro l'alveo vitale dell'anno liturgico si educano i fedeli ad approfondire il loro cammino di sequela di Cristo. La pastorale dell'anno liturgico, quindi, valorizzando i tempi forti nel loro autentico contenuto salvifico, dovrà costruire i suoi piani con viva attenzione a due istanze: finalizzare l'anno liturgico ad una sempre maggiore partecipazione alla pasqua di Cristo da parte dei fedeli; legare strettamente la celebrazione dei sacramenti dell'iniziazione cristiana ai ritmi e ai tempi dell'anno liturgico e particolarmente alla quaresima e al tempo pasquale" (A. Bergamini, *Anno liturgico,* in *Nuovo Dizionario di Liturgia*, Edizioni San Paolo, 70-71).

[37] Cf C. M. Martini, *Briciole della tavola della Parola*, Piemme, Casale Monferrato (Al), 1996.

tovalutare l'affannosità in cui si ritrova la vita famigliare d'oggi. Molti sono fuori tutto il giorno e il rientro a casa avviene spesso a tarda ora con l'ònere delle incombenze materiali. Tutto ciò porta a non saper coniugare le difficoltà con una spiritualità di fede e con le proposte della comunità ecclesiale, soprattutto ad aprirsi spiritualmente ad uno stile di vita che segua le proposte evangeliche e lo spirito cristiano della misericordia, tipico di un'evangelizzazione che trova il suo punto essenziale nell'amore del Cristo.

Rilanciare la formazione affinché nasca e si realizzi un laicato in grado di vivere la missione nella società della globalizzazione e dell'indifferenza.

Da qui scaturiscono le esigenze attuativi del come la *comunità della presenza* può diventare attiva: andare oltre la formazione tradizionale e progettare luoghi anche diversificati dal centro della parrocchia dove accogliere i lontani e dove gli stessi possono accogliersi tra loro.

Tutto ciò richiede un lavoro organizzativo capillare a livello comunionale, come lo stesso concilio ha sottolineato[38].

Per questa è necessario che la parrocchia sia incentrata su 5 pilastri cardini:

1. Unità di azione e contemplazione;
2. programmazione pastorale;
3. rilancio dell'azione dei laici;
4. coordinamento dell'azione comunitaria dei diversi gruppi e movimenti;
5. rivalutare il ruolo dei sacerdoti come corresponsabiliti dell'evangelizzazione.

L'ultima implicazione pastorale è data dall'attenzione ai poveri. Per Maria come per il Cristo sono i privilegiati e l'oggetto dell'attenzione.

Maria da laica, chiede proprio ad un nuovo laicato di essere più incisivo e proponente di una fede in atto di coinvolgere e travolgere.

Se riteniamo necessario superare la pastorale della spettacolarità e dell'emotività odierna, un ruolo fondamentale nell'esperienza comuni-

[38] Cf AG 37. AA 10; Christus Dominus, *Decreto sull'ufficio pastorale dei vescovi nella Chiesa, Enchiridion Vaticanum,* I, Edizioni Dehoninane Bologna, Bologna 1993, 712-781, 30. D'ora in poi CD; AA 30.

taria della parrocchia allargata è quello del compito dei laici chiamati ad uscire dalla clericarizzazione di cui sono facili a tuffarsi.

L'indicazione di una prospettiva futura per il ruolo dei laici appare così determinante poiché

> «senza distinzioni, sono chiamati a contribuire quali membra vive dell'incremento della Chiesa e alla sua continua santificazione, impegnandovi le forze che hanno ricevuto dalla bontà del creatore e dalla grazia del redentore»[39].

I laici non possono, né debbono essere considerati "riserve di lusso" della nuova evangelizzazione. Il loro contributo è determinante non solo sotto l'aspetto organizzativo della comunità parrocchiale, ma anche per l'inserimento della stessa negli ambienti del territorio.

Se, infatti, la Chiesa, in virtù del battesimo e della confermazione conferiti ai cristiani, rende gli uomini e le donne vere "pietre vive" nei diversi settori delle attività lavorative, con l'Eucarestia gli stessi

> «comunicano e alimentano la carità verso Dio e verso gli uomini che l'anima di tutto è l'apostolato»[40].

Possiamo cogliere così sia la dimensione dell'unità della pastorale che richiama i laici a lavorare all'interno delle comunità parrocchiali, proponendo l'evangelizzazione con l'annuncio, la celebrazione e la vita, sia la necessità di lavorare per la concretizzazione di una specifica ministerialità, a partire dall'Eucarestia che va espressa con segni concreti di carità nei confronti di tutti, negli ambienti che non sono certamente collegati con la sacrestia.

> «Nessuno di noi può minimamente negare o attenuare l'esistenza dei tantissimi mali, drammi, pericoli crescenti e talvolta inediti dell'attuale momento storico, ma tutti, grazie alla presenza indefettibile di Cristo Signore e del suo Spirito nella storia d'ogni tempo, possiamo e dobbiamo riconoscere che la speranza non è solo un desiderio o un sogno o una promessa, non riguarda unicamente il domani, ma è una realtà molto concreta e attuale, che non abbandona mai la nostra terra:

[39] LG 33.
[40] LG 33.

le persone, le famiglie, le comunità, l'umanità intera, soprattutto la Chiesa del Signore»[41].

I laici non sono "servitori di comunità", ma "promotori di comunità". Laici nuovi che diano attraverso il loro servizio una svolta di evangelizzazione attraverso un ruolo di vera corresponsabilità con i sacerdoti.

«Una comunione che nel suo spirito interiore e nel suo realizzarsi storico fiorisce e fruttifica sempre e solo come triade indivisa e indivisibile di *comunione-collaborazione-corresponsabilità*. La comunione conduce alla collaborazione: dall'anima e dal cuore alle mani, ai gesti concreti della vita, alle iniziative intraprese, in una parola al dono reciproco e al servizio vicendevole. E, a loro volta, comunione e collaborazione non possono non portare a forme di vera e propria corresponsabilità, perché l'incontro e il dialogo sono tra soggetti coscienti e liberi, tra le menti che valutano la realtà e e le volontà che liberamente affrontano e forgiano la realtà stessa, e dunque nell'ambito del discernimento e della decisione evangelici-pastorali. Certo, una corresponsabilità nella quale sono diverse le competenze e diversi i ruoli dei vari membri della Chiesa, ma sempre un'autentica corresponsabilità»[42].

Il laicato è espressione di una Chiesa viva che rivaluta i carismi[43].

41 D. TETTAMANZI, *Il dono di testimoni umili e coraggiosi,* in Regno-documenti (19)2006, 602-611.

42 D. TETTAMANZI, *Il dono* ..., cit.

43 «Il carisma, inteso sia come attività sia come spiritualità, di per sé, alla luce della teologia, è da intendere invece come *dono* dello Spirito dato a ogni battezzato e a ogni comunità di battezzati *per il bene comune*. Capita facilmente che i carismi vengano intesi e confusi come banali attitudini. È facile pertanto cadere in alcuni pericoli:

1) Il pericolo di servirsi del carisma quasi fosse una proprietà privata.

2) Il pericolo tipico di certi movimenti ecclesiali, come di certe congregazioni e di certi ordini religiosi, i quali anziché usare il carisma per il bene comune finiscono per usare il bene comune (per esempio la parrocchia) per garantire il proprio carisma. Dimenticando che i carismi sono tutti portatori della stessa luce di Dio, il quale li affida come, quando, a chi e dove vuole lui, perché fomentino la comunione, la partecipazione e la collaborazione reciproca in favore di tutto il popolo santo di Dio.

3) Il pericolo di chiudersi a riccio nell'ambito del proprio gruppo, trasformando la comunità in ghetto e finendo col rendere sterile la spiritualità stessa, nata invece per essere feconda di attività profetiche sempre nuove nel corpo della Chiesa e in servizio del mondo» (A. FALLICO, *Sulle orme* ..., cit., 48-49).

Da qui scaturisce il passaggio da **una Chiesa formale a una comunità con-viviale**: una comunità parrocchiale che si mostri viva in tutti i suoi membri. In altri termini, essa deve essere profetica, povera, aperta all'umanità e pronta a dare risposte ai "perché" della vita. Solo una comunità in continua osmosi tra i suoi membri è ministeriale e missionaria nello stesso tempo. Essa si divincola dalle formalità e convivialmente esprime l'accoglienza. Tutti i singoli esprimono così la loro caratteristica vocazionale e la realizzano servendo gratuitamente gli altri nei diversi settori.

RIPENSARE LA FEDE PER UNA COMUNITÀ DELLA NUOVA EVANGELIZZAZIONE SULLE ORME DI MARIA

Per poter ripensare la fede non è necessario solo una ricerca teoretica, ma è necessario che ci sia una dimensione empirica perché questa non sia espressione di una Chiesa chiamata a diventare una comunità attiva e propositrice del Vangelo.

Per quanto riguarda la fede e la sua attualizzazione sono necessarie tre dimensioni:

1. la fede deve sentirsi impegnata ad autocomprendersi partendo dalle sfide che la vita quotidiana le lancia;
2. definire il valore esistenziale che mette in dialogo le stesse sfide con la fede;
3. l'urgenza della realizzazione pratica comunitaria per un rilancio della dinamica ecclesiale.

Il problema nasce dal processo attualmente in corso. L'uomo relativizzato di oggi, quello dei senza-speranza e senza-futuro. vive anche una crisi di senso di fronte alla vita, alla morte, alla felicità, al dolore e cerca di dare un senso al proprio agire o con l'attivismo o con il lassismo. E questo non fa altro che creare un grosso distacco con la fede vissuta, poiché spesso la comunità ecclesiale non vive la sua presenza nella dimensione storica e cerca evasione in altro. Fenomeni come un ritorno ad un integralismo religioso e a regole rigide diventano strumento che non permettono all'uomo la ricerca del senso dell'agape proposto dal Vangelo.

Per questo la dicotomia sembra espandersi sempre di più a tal punto che la fede appare letteralmente staccata dalla storia dimenticando proprio la proposta conciliare di DV 13 (la parola di Dio detta in parole umane, al livello di proposta *fides quae,* e della risposta *fides qua*)[1] dob-

[1] Nella sacra Scrittura dunque, restando sempre intatta la verità e la santità di Dio, si manifesta l'ammirabile condiscendenza della eterna Sapienza, «affinché pos-

biamo essere un po' tutti sollecitati a ripensare la fede a confronto con la vita quotidiana e la vita quotidiana a confronto con la fede.

Per fare questo è necessario:

- procedere in profondità ricercando le cause dei fenomeni che ci hanno portato a questo distacco;
- comprendere la dimensione culturale della storia e quali siano gli orientamenti, gli stili di vita e i modelli da evitare e quelli da proporre;
- come collocarsi dalla parte degli ultimi come strategia evangelizzativa indicata da Gesù per la creazione di una realtà che coinvolga tutti.

La vita viene vissuta come esperienza di fede quando insieme si sperimenta che tutto deve procedere per creare il bene e che la stessa vita non va trascinata, ma consolidata nel servizio e nella disponibilità.

La vera novità sta nel vivere la vita comunitaria della Chiesa[2]. È proprio la comunità ecclesiale che appare oggi piena di afasia. Sembra non dire nulla e caduta in letargo. Molte comunità procedono senza cercare il senso di una vera evangelizzazione. I giovani sembrano essere scomparsi e soprattutto poco inclini alla critica e alle novità. A volte proprio i giovani sembrano più anziani degli anziani!

La comunità oggi dovrà rilanciarsi in una dimensione profetica[3] che metta insieme il senso della tradizione con quello dell'innovazione attraverso i quattro capisaldi della nuova evangelizzazione che sono: **conversione, regno di Dio, Gesù Cristo** e **vita eterna.**

La traduzione di questi quattro elementi attraverso la realizzazione di una comunità della profezia attuabile nella dimensione storica attuale potrà portare una ventata di novità e un rilancio dell'esperienza di fede comunitaria.

A livello biblico è necessaria la rilettura attualizzata della *Lettera a Filemone* in cui ciascuno è chiamato a scrivere nuove lettere di accoglienza perché ogni tipo di schiavitù sia debellata. Le violenze sui

siamo apprendere l'ineffabile benignità di Dio e a qual punto egli, sollecito e provvido nei riguardi della nostra natura, abbia adattato il suo parlare» . Le parole di Dio infatti, espresse con lingue umane, si son fatte simili al parlare dell'uomo, come già il Verbo dell'eterno Padre, avendo assunto le debolezze dell'umana natura, si fece simile all'uomo (DV 13).

2 Cfr A. RUCCIA, *Parrocchia ...*, cit.

3 Cfr A. RUCCIA, *Comunità ...*, cit..

minori e sulle donne sono solo un esempio di impegno da cui ciascun cristiano non può esonerarsi. Inoltre la rilettura della *esperienza di Paolo all'areopago di Atene* poiché l'annuncio della fede da parte dell'apostolo invita a sollecitare, anche in contesti di lontananza dalla comunità ecclesiale, il riconoscimento della croce di Cristo come riferimento fondamentale della vita, che si fa quotidianamente nuova verso la novità radicale dell'*eschaton* definitivo.

Inoltre non ci si può esimere dal confrontarsi con l'affermazione paolina contenuta nella seconda lettera a Timoteo:

> «ho combattuto la buona battaglia, ho conservato la fede. Per il resto, è (già) in serbo per me la corona della giustizia» (2 *Tm* 4,7 - 8).

La seconda lettera a Timoteo può essere definita un **programma pastorale affidato ai responsabili delle comunità**. Esso è redatto tramite una comunicazione di tipo epistolare, la quale rinnova, in maniera molto viva, **la memoria della relazione paterna di Paolo verso Timoteo, suo figlio nella fede**. Al tempo della composizione della lettera, Paolo forse era già morto e Timoteo vive una nuova situazione socio ecclesiale. Tocca a lui, vero discepolo di Paolo, continuare come il suo maestro a guidare la comunità con coraggio, affrontando le difficoltà connesse al ministero. Dovrà, in particolare, fondare la sua vita sulla Parola di Dio e la dovrà annunciare sempre. Solo dalla Parola il pastore riceverà alimento per vivere nella fede e sostegno della missione. La **fedeltà alla Parola** lo renderà pastore autorevole, capace di affrontare i falsi maestri, che dicono ma non fanno e, con il loro cattivo esempio, trascinano altri fuori dalla retta via.

Il passo di riferimento ci permette di capire come nella realizzazione dell'esperienza comunitaria è possibile progredire proprio nel cammino della fede. Infatti Paolo paragona la sua vita ad un *sacrificio* continuo, che sta per consumarsi definitivamente in libagione. Le immagini sono riprese dagli usi sportivi del tempo, ma ciò che è importante è l'evincere "la dottrina cattolica del *merito*, per cui Dio si impegna con obbligo di giustizia a premiare coloro che hanno corrisposto alla sua grazia: il *merito* non è una pretesa autonoma e arrogante dell'uomo verso Dio, ma l'incoronazione che Dio stesso fa dei suoi doni di gloria e d'amore liberamente accettati dall'uomo".[4]

[4] S. Cipriani, *Le lettere di Paolo,* Cittadella Editrice, Assisi 2008 (9 ed), p. 725.

A tale ragione sarebbe opportuno proporre nei diversi mesi dell'anno della fede un itinerario con questi possibili dettagli.

Nei mesi di ottobre–novembre approfondiremo il documento la *Gravissimus educationis*. La scelta non cade a caso. L'emergenza educativa e le difficoltà di trasmissione della fede alle nuove generazioni richiedono un lavoro più capillare. Educare non vuol dire imporre, ma condividere le proposte di fede in maniera comunitaria.

L'educazione non è un qualcosa da farsi nei confronti dei ragazzi, ma deve vedere coinvolti tutti. È questo il tempo in cui la formazione verterà su un approfondimento della Parola di Dio e su speciali momenti di *lectio divina* per giovani e adulti. Solo coinvolgendo in questa direzione l'intera comunità, essa sarà stimolata alla missione e all'evangelizzazione. Nessuno è escluso dalla responsabilità di favorire la crescita delle persone perché la vita cristiana si realizza insieme ispirandosi a quella di Gesù, esempio di umanizzazione piena ed autentica.

> «Tutti gli uomini avvertono l'interiore impulso ad amare in modo autentico: amore e verità non li abbandonano mai completamente, perché sono la vocazione posta da Dio e nella mente e nel cuore di ogni uomo»[5].

Per questo motivo sull'educazione si pone il futuro della comunità ecclesiale, perché è una grande ricchezza per tutti e in particolare la ricchezza della gioventù[6].

È questo il tempo in cui si tenterà di rielaborare l'itinerario di fede dell'iniziazione cristiana.

Nel tempo di Avvento l'attenzione si porrà a partire dalla *Lumen Gentium*. Questo documento conciliare e non ancora del tutto conosciuto, ha l'ònere di portare la riflessione sulla dimensione della Chiesa come comunità e popolo di Dio in cammino nella realizzazione di quel-

5 Benedetto XVI, *Enciclica Caritas ...*, cit.

6 «L'opera formativa, sebbene oggi debba essere rivolta a tutti, mantiene un orientamento e una rilevanza speciale per i ragazzi, gli adolescenti e i giovani: sono proprio le nuove generazioni del resto, le più esposte ad un duplice rischio: quello di crescere in un contesto sociale e culturale nel quale la tradizione cristiana sembra svanire e dissolversi, persino in rapporto al suo centro che è Gesù Cristo, rimanendo viva e rilevante soltanto all'interno degli ambienti ecclesiastici, e quello di pagare le conseguenze di un generale impoverimento dei fattori educativi nella nostra società» (C. Ruini, *La missione della Chiesa, la vita della società. Discorso conclusivo al Convegno Ecclesiale di Verona*, in "Il Regno – documenti", (19), 2006, 687).

la speranza, a cui tende *l'homo oeconomicus* di oggi. Attendere Gesù vuol dire dare spazio al futuro come Chiesa-comunità.

I ragazzi saranno impegnati a cercare strutture con cui collaborare per rinascere a vita nuova; i giovani nella ricerca dei valori cristiani della vita e nel dialogo-confronto su tematiche bioetiche; gli adulti non disdegneranno di coinvolgersi in un impegno missionario verso i lontani.

Nel tempo di Natale il documento più opportuno su cui far riemergere la proposta evangelizzativa è la *Dignitatis Humanae*. I temi della dignità della persona umana, l'attenzione verso i meno fortunati, gli esclusi e gli emarginati trovano spazio anche a partire dai testi biblici che la stessa liturgia propone in questo tempo dell'anno liturgico. La celebrazione natalizia dovrà trovare un'eco nella festa dei Santi Innocenti e della Madre di Dio con maggiore riferimento ai temi della pace conducendo i ragazzi, i giovani e gli adulti a cercare proposte operative per l'obiezione alle spese militari.

Il tempo di quaresima sarà opportunamente scandito dalla *Sacrosantum Concilium* e dalla *Dei Verbum*. Questi due documenti, che sono di capitale importanza nell'economia delle proposte conciliari, possono dare una svolta alla vita della comunità. Infatti l'itinerario di fede dovrà prevedere l'approfondimento di un'azione catechetico-mistagogica coinvolgendola totalmente. Tale opzione sarà il segno di quanto sia importante prendere a modello uno dei sacramenti (Battesimo, Confermazione o Eucaristia) e riproporli nella vita. I *praenotanda* dei rispettivi libri offrono tale opportunità, senza dimenticare il sacramento della penitenza, che può essere vissuto per tutto il periodo nel tempo liturgico per quattro settimane.

Nel tempo di Pasqua si approfondirà il documento *Gaudium et Spes*. Basterà prendere uno dei temi in esso contenuto ed approfondirli. È fondamentale che su di esso riflettano ragazzi, giovani e adulti, ma è necessario che li si porti tutti ad un incontro reale con persone che vivono l'esperienza di Cristo, siano essi poveri, lontani, stranieri o uomini giusti.

Nel tempo tra l'Anno si approfondirà il documento *Ad Gentes* progettando in qualche luogo del territorio la missione di nuova evangelizzazione anche per il periodo seguente, affinché tutti ritrovino Gesù Cristo.

Se la comunità ecclesiale rimane nella solitudine e nell'isolamento dimenticando che deve immergersi nelle situazioni fino a cementarsi con esse, non produrrà alcun risultato. Solo se la stessa si preoccuperà di amalgamarsi fino a donare tutta se stessa vedrà i frutti della rinascita.

Una Chiesa paurosa di spendersi e riluttante a progettare nuove strategie d'evangelizzazione è una comunità senza futuro. Una Chiesa timorosa e spaventata di donarsi è una comunità spenta.

È l'ora in cui l'educazione dei ragazzi, le possibilità d'investimento a favore dei poveri, il collocarsi a fianco di chi lotta per la legalità, l'amore verso i diversamente abili, la continuità delle catechesi e le liturgie partecipate non possono essere ritenute superflue per una progettualità di vita nuova.

È evidente che con l'"ora" di Gesù il tempo acquista una nuova dimensione: noi cessiamo di vivere nel provvisorio anonimo ed entriamo nell'eternità di Dio. Il tempo della nostra storia è il computo dell'eternità (cfr *Gv* 4,23; 5,25; 12,27.31; 13,31; 16,5; 17,13). La croce di Cristo diventa così il tacito invito all'umanità a diventare un solo popolo perché gli ultimi tempi sono iniziati e tutta l'umanità è convocata davanti alla croce che da supplizio diventa il trono della regalità, il trono della Maestà di Dio.

Oggi c'è bisogno di comunità che si consegnino a Cristo perché tutti possano riconoscerlo come il Salvatore senza fuggire nel buio della notte nascondendosi dietro alle parvenze delle difficoltà dei cristiani.

Accanto a questi pilastri è necessario che l'edificazione avvenga attraverso tre momenti essenziali da cui non si può prescindere:

– la ricerca;
– la progettazione-programmazione;
– l'innovazione.

Infatti, l'edificio della nuova evangelizzazione richiede un accurato studio e un attento discernimento su quanto è recepito nell'oggi sotto il profilo della fede e del suo essere realizzato nella vita ecclesiale. Il confronto con i frequentanti, i praticanti, i saltuari, i simpatizzanti, gli assenti è fondamentale per individuare e ricercare i contenuti essenziali su cui l'intera comunità dovrà vivere la sua prassologia, convertendosi a Gesù Cristo e realizzando nell'oggi della vita ecclesiale quel regno di Dio che la proietta verso l'*eschaton*.

La crisi di fede non la si supera individuando le nuove metodologie attraverso una programmazione accurata, in cui gli stessi contenuti possono essere concretizzati. Coloro che intendono curare farmacologicamente la malattia vanno avanti solo per tentativi; quelli che vogliono curare devono, dopo la ricerca, pianificare la realizzazione.

Da ciò deriva l'innovazione pastorale. Infatti, solo innovando si crea il senso del *novum*; di quella cosa nuova che non ha nulla a che fare con il riciclaggio e che ha nella dimensione missionaria la concretizzazione della pastorale del terzo millennio. È fondamentale formare una comunità ecclesiale che unisca la dimensione ecclesiologica e propositiva di Maria che sperimenti e mostri come studiare e donare il Vangelo avendo come corresponsabili i laici. Tale comunità si innova e rinnova in luoghi ed ambienti diversi, senza esaltarsi di alcuni risultati ottenuti e senza ipotizzare che sono stati raggiunti in tanti. Le giovani generazioni aspettano questo. Non vogliono più una fede pietistica, devozionalistica e mercificatrice. Desiderano essere incontrati e resi protagonisti. Soprattutto desiderano non sentirsi esclusi dalla vita della stessa comunità ecclesiale e chiedono un apporto-confronto con il mondo degli adulti e con quello dei ragazzi che hanno a cuore.

> «Affrontiamo perciò la nuova evangelizzazione con entusiasmo. Impariamo la dolce e confortante gioia di evangelizzare. … Al mondo che cerca risposte alle grandi domande circa il senso della vita e la verità, possa accadere di vivere con rinnovata sorpresa la gioia di incontrare testimoni del Vangelo che con la semplicità e la credibilità della loro vita sanno mostrare la potenza trasformatrice della fede cristiana».[7]

Questa fede abbia proprio nella comunità ecclesiale il suo motore propulsore per ritrovare e far ritrovare la gioia di essere cristiani.

[7] Sinodo dei Vescovi – XIII Assemblea Generale Ordinaria, *La Nuova Evangelizzazione per la trasmissione della Fede Cristiana. Instrumentum Laboris*, Libreria Editrice Vaticana, Città del Vaticano 2012, 168.

Documenti Conciliari e Magisteriali

Ad Gentes, *Decreto sull'attività missionaria della Chiesa*, in *Enchiridion Vaticanum, I,* Edizioni Dehoniane Bologna, Bologna 1993, 1054-1157

Apostolicam Auctositatem, *Decreto sull'apostolato dei laici, Enchiridion Vaticanum, I,* Edizioni Dehoniane Bologna, Bologna 1993, 946-1019

Benedetto XVI, Lettera enciclica. *Caritas in veritate,* Libreria Editrice Vaticana, Città del Vaticano, 2009

– *Libertà religiosa, via della pace. Messaggio per la Giornata Mondiale della Pace 2011,* Libreria Editrice Vaticana, Città del Vaticano, 2011

– *Messaggio Urbi et Orbi*, Natale 2011, in *Osservatore Romano*, 27/12/2011

– *Motu proprio, La porta della fede,* Libreria Editrice Vaticana, Città del Vaticano, 2011

– *Prestiamo attenzione gli uni agli altri, per stimolarci a vicenda nella carità e nelle opere buone* (*Eb*10,24) – Messaggio per la quaresima 2012, Edizioni San Paolo, Milano 2010

Catechismo della Chiesa Cattolica, Libreria Editrice Vaticana, Città del Vaticano 1999

Christus Dominus, *Decreto sull'ufficio pastorale dei vescovi nella Chiesa, Enchiridion Vaticanum, I,* Edizioni Dehoninane Bologna, Bologna 1993, 712-781

Dei Verbum, *Costituzione dogmatica sulla Divina Rivelazione*, in *Enchiridion Vaticanum, I,* Edizioni Dehoninane Bologna, Bologna 1993, 906-945

Francesco, *Esortazione Apostolica, Evangelii Gaudium,* Libreria Editrice Vaticana, Città del Vaticano 2013

– *Lettera enciclica, Lumen Fidei,* Libreria Editrice Vaticana, Città del Vaticano 2013

– *Omelia della Messa del 1° gennaio 2014*, in *Osservatore romano*, del 3/01/2014.

Gaudium et Spes, *Costituzione pastorale sulla Chiesa nel mondo contemporaneo*, in *Enchiridion Vaticanum*, I, Edizioni Dehoniane Bologna, Bologna 1993, 1246- 467

GIOVANNI PAOLO II, *Esortazione apostolica, Catechesi Tradente,* Libreria Editrice Vaticana, Città del Vaticano 1979
– *Esortazione apostolica, Christifideles Laici,* Libreria Editrice Vaticana, Città del Vaticano 1988
– *Lettera enciclica, Centesimus annus,* Libreria Editrice Vaticana, Città del Vaticano 1997
– *Lettera enciclica, Fides et ratio,* Libreria Editrice Vaticana, Città del Vaticano 1998
– *Lettera enciclica, Mulieris dignitatem,* Libreria Editrice Vaticana, Città del Vaticano 1988
– *Lettera enciclica, Redemptoris Mater,* Libreria Editrice Vaticana, Città del Vaticano 1987
– *Lettera enciclica, Redemptoris missio,* Libreria Editrice Vaticana, Città del Vaticano 1990.
– *Lettera apostolica, Tertio millennio adveniente*, Libreria Editrice Vaticana, Città del Vaticano 1994
– *Lettera apostolica, Novo millennio ineunte*, Libreria Editrice Vaticana, Città del Vaticano 2001
LUMEN GENTIUM, *Costituzione dogmatica sulla Chiesa*, in *Enchiridion Vaticanum, I,* Edizioni Dehoninane Bologna, Bologna 1993, 460-633
PAOLO VI, *Esortazione apostolica, Evangelii Nuntiandi,* Libreria Editrice Vaticana, Città del Vaticano 1975
– *Esortazione apostolica, Marialis Cultus,* Libreria Editrice Vaticana, Città del Vaticano 1974
SACROSANTUM CONCILIUM, *Costituzione sulla Liturgia*, in *Enchiridion Vaticanum, I,* Edizioni Dehoniane Bologna, Bologna 1993, 344-433
SINODO DEI VESCOVI, II Assemblea generale straordinaria (24.11-8.12.1985), *Rapporto finale Exeunte coetu secundo: La Chiesa, nella parola di Dio, celebra i misteri di Cristo per la salvezza del mondo (7.12.1985)*, in Segretario Generale del Sinodo dei vescovi (a cura di) *Enchiridion del Sinodo dei Vescovi* vol. I
SINODO DEI VESCOVI, XI Assemblea generale ordinaria, *L'eucaristia: fonte e culmine della vita e della missione della Chiesa. Lineamenta*, LEV, Città del Vaticano 2004
SINODO DEI VESCOVI, XIII Assemblea generale ordinaria, *La nuova evangelizzazione per la trasmissione della fede cristiana. Lineamenta*, LEV, Città del Vaticano 2011
SINODO DEI VESCOVI – XIII ASSEMBLEA GENERALE ORDINARIA, *La Nuova Evangelizzazione per la trasmissione della Fede Cristiana. Instrumentum Laboris*, Libreria Editrice Vaticana, Città del Vaticano 2012
UNITATIS REDINTEGRATIO, *Documento sull'ecumenismo*, in *Enchiridion Vaticanum*, I, Edizioni Dehoniane Bologna, Bologna 1993, 664-711

Documenti Episcopali

CONFERENZA EPISCOPALE ITALIANA, *Comunicare il Vangelo in un mondo che cambia Orientamenti pastorali per il decennio 2000/2010*
– *Educare alla vita buona del Vangelo. Orientamenti pastorali per il decennio 2010/2020,* Edizioni San Paolo, Milano 2010
– *Rigenerati per una speranza viva (1 Pt1,3): testimoni del grande sì di Dio all'uomo. Nota pastorale dell'Episcopato italiano dopo il 4° Convegno ecclesiale nazionale*, Edizioni San Paolo, Milano 2007

Monografie e articoli

ACHARD R. M., *Dimorare come forestiero*, in *Dizionario Teologico dell'Antico Testamento* (a cura) di E. JENNI – C. WESTERMANN, I, Marietti, Casale Monferrato (Al), 1992, coll. 355-358

AGOSTINO, *La città di Dio,* Città Nuova, Roma 2001

ALBANESI V., *I tre mali della Chiesa in Italia. Ritrovare futuro,* Ancora, Milano 2012

ALBERICH E., *La catechesi oggi,* Elledici, Torino - Leumann 2001

ALBERITZ R. – WESTERMANN C., *Ruah*, in *Dizionario Teologico Antico Testamento*, I, Marietti, Casale Monferrato (Al), 2000, 653-677

ANCONA G., *Escatologia cristiana,* Queriniana, Brescia 2003

ARCARI L., *Una donna avvolta nel sole... (Ap 12,1). Le raffigurazioni femminili nell'Apocalisse di Giovanni alla luce della letteratura apocalittica giudaica*, Edizioni Messaggero Padova, Padova 2008

BAGNASCO A., *Chiesa trasparente al volto di Cristo*, in *Vita Pastorale* 7 (2012), 72-74

BAHAIER H., *Le dieci parole. Il decalogo come non lo hai mai sentito raccontare,* Edizioni San Paolo, Cinisello Balsamo (Mi), 2011

BALLESTRERO A., *Perché il Concilio diventi vita,* Ecumenica Editrice, Bari 1977

BARBERO G., *La Vergine a La Salette. Storia dell'apparizione*, Edizioni San Paolo, Milano 2004

BART D. E., *The New Testament: A Historical Introduction to the Early Christian Writings*, New York, Oxford, 2004, 381-384

BECKER J., *Giudizio e conversione in Gesù,* Paideia, Brescia 1989

BELLO A., *Insieme alla sequela di Cristo sul passo degli ultimi. Parte seconda: gli operatori della parola*, in *Diari e scritti pastorali,* Mezzina, Molfetta 1993, 141-283

BERGAMINI A., *Anno liturgico,* in *Nuovo Dizionario di Liturgia*, (a cura) di D. SARTORE, A. M. TRIACCA, C. CIBIEN, Edizioni San Paolo, Milano 2001, 78 - 95

Bernet A., *Vita nascosta di Caterina Labourè. La straordinaria storia della medaglia miracolosa,* Edizioni San Paolo, Milano 2012
Bertone T., , *L'ultimo segreto di Fatima,* Rizzoli, Milano 2010
Bianchi E., *Perché avete paura? Una lettura del Vangelo di Marco*, Mondadori, Milano 2011
Bo V., *Parrocchia tra passato e futuro*, Assisi 1977
Boff L., *Il volto materno di Dio. Saggio interdisciplinare sul femminile e le sue forme religiose*, Brescia, Queriniana, 1981
Bosco T., *Tre ragazzi a Fatima,* Elledici, Torino 2005
Boscolo G., *La tua parola è verità*, in Servizio della Parola 439, (2012), 130-132
– *La sua carità in noi è perfetta*, in *Servizio della Parola*, 439 (2012), 147-149
Bouyer L., *La Chiesa di Dio*, Cittadella Editrice, Assisi 1971
Broccardo C., *Vangelo di Luca,* Città Nuova, Roma 2012
Brancaccio F., *Antropologia di comunione. L'attualità della Gaudium et Spes,* Rubbettino (Cz), Soveria Mannelli, 2006
Brown R., *La nascita del Messia secondo Luca e Matteo,* Cittadella Editrice, Assisi 1981
Cacucci F., *La mistagogia. Una scelta pastorale*, Edizioni Dehoniane Bologna, Bologna 2006
Cacucci F. – Ruccia A., *Memoria, fedeltà, profezia. Mistagogia e nuova evangelizzazione*, Ecumenica Editrice, Bari 2012
Cerfaux L., *Le immagini simboliche della Chiesa nel Nuovo Testamento,* in AA. VV., *La Chiesa del Vaticano II,* Firenze 1965, 299-313
Cipriani S., *Le lettere di Paolo,* Cittadella Editrice, Assisi 2008 (9 ed)
Congar Y., *Credere nello Spirito Santo,* Queriniana, Brescia 1999
– *Sur la trilogie: prophète-roi-prêtre,* in Rev. Sc. ph. th., 67 (1983) 97-115
Colmegna V., *La collaborazione della famiglia umana.*, in AA. VV., *A proposito di ... Dio è amore. Commento e guida alla lettura dell'Enciclica Deus caritas est di Benedetto XVI,* Edizioni Paoline, Milano 2009, 141-159
Cullmann O., *Cristo e il tempo. La concezione del tempo e della storia nel Cristianesimo primitivo,* Edizioni Dehoniane Bologna, Bologna 2005
da Spinetoli O., *Il Vangelo del primato,* Paideia, Brescia 1969
– *Matteo,* Cittadella Editrice, Assisi 1998
Davanzo G., *Sanità e territorio*, in Enciclopedia di Pastorale (a cura) di B. Seveso e L. Pacomio, IV, Piemme, Casale Monferrato 1993, 43-46
de Flores S., *Maria, nella teologia contemporanea*, Roma 1991
de La Potterie I., *La Madre di Gesù e il mistero di Cana*, in *La Civiltà Cattolica*, 130/4 (1979), 425 - 440.
– *Maria,* in *Nuovo Dizionario di Teologia Biblica* (a cura) di P. Rossano, G.

Ravasi, A. Ghirlanda, Edizioni San Paolo, Cinisello Balsamo (MI), 1988, 895-919

De Virgilio G., *La categoria biblica del pellegrinaggio e il suo simbolismo,* in *Note di Pastorale Giovanile*, 2 (2004), 38-48

Dossetti G., *Omelie e istruzioni pasquali 1968-1974*, Edizioni San Paolo, Milano 2005

Dotolo C., *Cristianesimo e interculturalità. Dialogo, ospitalità, ethos,* Cittadella Editrice, Assisi 2011

Dreyfus R., *Resto,* in *Dizionario di Teologia Biblica*, Marietti, Casale Monferrato (Al), 1059 - 1063

Dunn J. D. G., *Baptism in the Holy Spirit: A Re-Examination Of The New Testament Teaching On The Gift Of The Spirit In Relation To Pentecostalism Today,* The Westminster Press, Philadelphia 1993

– *Ephesians, The Oxford Bible Commentary - The Pauline Epistles*, 2010

Dupont J. *Le Magnificat comme discours sor Dieu,* in *Nouvelle rerevue théologique* 112 (1980), 321 - 343

Fallico A., *Dal tempio alla strada una parrocchia sulle piste del Concilio,* Edizioni Chiesa-Mondo, Catania 1999

– *Le cinque piaghe della parrocchia italiana*, Ed. Chiesa-Mondo, Catania 1995

– *Parrocchia diventa ciò che sei. Riflessione teologico-pastorale sulla centralità della parrocchia,* Edizioni Chiesa-Mondo, Catania 2003

– *Pedagogia pastorale. Questa sconosciuta,* Edizioni Chiesa-Mondo, Catania 2010

– *Sulle orme del buon pastore. Breviario di spiritualità pastorale per presbiteri e laici,* Edizioni Chiesa Mondo, Catania 2006

Fausti S., *Una comunità legge il Vangelo di Luca*, Edizioni Dehoniane Bologna, Bologna 1994

Forte B., *Laicato e laicità*. Marietti, Genova 1986

– *Maria la donna icona del Mistero. Saggio di mariologia simbolico-narrativa,* Edizioni San Paolo, Cinisello Balsamo (MI) 1989

– *Seguendo Te, luce della vita. Esercizi spirituali predicati a Giovanni Paolo II*, Edizioni San Paolo, Milano 2004

– *Una teologia per la vita*, Editrice La Scuola, Brescia 2011

Galizzi M., *Vangelo secondo Luca*, Elledici, Leumann (To) 1994

Garofalo S., *Gerusalemme/Sion,* in *Nuovo Dizionario di Teologia Biblica*, (a cura) di P. Rossano, G. Ravasi, A. Ghirlanda, Edizioni San Paolo, Milano 1988, 582-595

Gaspar V., *Cristologia Pneumatologica,* Editrice Pontificia Università Gregoriana, Roma 2000

Gerardi R., *Mistagogia,* in L. Pacomio - V. Mancuso (a cura di), *Lexicon. Di-*

zionario Teologico Enciclopedico, Piemme, Casale Monferrato (Al) 1983, 659
GHIDELLI C., *Luca*, Paoline, Roma 1978
GIUSTI G., *Finalità della catechesi*, in *Enciclopedia di Pastorale*, II, Piemme, Casale Monferrato 1992, 21 - 27
GIUSSANI L., *Certi di alcune grandi cose, R*izzoli, Milano 2007
GOKIM TAGLE L. A., *Gente di Pasqua. La comunità cristiana profezia di speranza,* Editrice Missionaria Italiana, Bologna 2013.
GRASSO A., *Problematiche e significati delle Mariofanie*, in Laos 19 (2012), 5 - 32
GREGORIO DI NISSA, *Vita di Gregorio Taumaturgo*, (a cura) di L. LEONE, Città Nuova, Roma 1988
GREGORIO IL TAUMATURGO, *Discorso a Origene,* (a cura) di E. MAROTTA, Città Nuova, Roma 1993
GRESHAKE G., *La vita più forte della morte. Sulla speranza cristiana,* Queriniana, Brescia 2009
GROLLA V., *L'agire della Chiesa. Teologia pastorale,* Edizioni Messaggero Padova, Padova 2000
GRONCHI M., *Trattato su Gesù Cristo Figlio di Dio salvatore,* Queriniana, Brescia 2008
GUITTON J., *La medaglia miracolosa. Al di là della superstizione*. Edizioni San Paolo, Milano 2012
HERNANDEZ ILLESCAS J., *Centro di Studi Guadalupani,* Città del Messico 2008
HORNER T. M., *Chaning concepts of the stranger in the Old Testament*, in Anglican Theological Review 42 (1960), 49 -53
KASPER W., *Chiesa cattolica. Essenza – realtà – missione*, Editrice Queriniana, Brescia 2012
– *Servitori della gioia. Esistenza sacerdotale,* Queriniana Brescia 2007
KUNG H., *Cristianesimo. Essenza e storia*, (6 edizione), Rizzoli Milano 2010
JEREMIAS J., *Teologia del Nuovo testamento I. La predicazione di Gesù,* Paideia, Brescia 1970
JOHNSON L. T., *Vangelo di Luca*, Elledici, Leumann (To) 2004
LANZA S., *Convertire Giona. Pastorale come progetto,* Edizioni OCD, Roma 2008 (2 ed),
LAURENTIN R., *I Vangeli dell'infanzia di Cristo. La verità del Natale al di là dei miti*, Edizione Paoline, Torino 1985
– *Lourdes. Cronaca di un mistero*, Mondadori, Milano, 1998
LAURENTIN R. – SBALCHIERO P., *Dizionario delle apparizioni della Beata vergine Maria,* Edizioni Art, Roma 2010
LÉON – DUFOUR X., *Lettura dell'EVangelo secondo Giovanni.* I. (capitoli 1-4), La Parola di Dio, Cinisello Balsamo (Milano), Paoline 1990

Lohfink N, *Dio ha bisogno della Chiesa? Sulla teologia del popolo di Dio,* Edizioni San Paolo, Cinisello Balsamo (MI) 1999
– *La conversione di san Paolo,* Paideia, Brescia 2011
Loss N. M., *Peccato e senso di colpa: prospettiva biblica,*in *Giovani e riconciliazione,* (a cura di) M. Midali e R. Tonelli, LAS, Roma 1984, 149-188
Maggioni B., *Il racconto di Marco,*Cittadella Editrice, Assisi 1979
– *Il racconto di Luca*, Cittadella Editrice, Assisi 2000
Martini C. M., *Briciole della tavola della Parola*, Piemme, Casale Monferrato (Al), 1996
– *Colti dallo stupore. Incontri con Gesù*, Mondadori, Milano 2012
– *La donna della riconciliazione. Meditazioni sulla Madre di Cristo,* Piemme (4 ed), Casale Monferrato 2005
– *La donna nel suo popolo,* Ancora, Milano 2002 (9 edizione)
– *La gioia del Vangelo,* Piemme, Casale Monferrato (Al) 2000 (3 ed)
Marsili S., *Sacramenti,* in *Nuovo Dizionario di Liturgia*, Edizioni Paoline, Roma, 1995, 1271-1285
Masciarelli M. G., *Laici,* in *Nuovo Dizionario di Mariologia* (a cura) di S. De Fiores e S. Meo, Edizioni Paoline, Cinisello Balsamo 1986, 716-735
Matteo A., *Della fede dei laici. Il cristianesimo di fronte alla mentalità postmoderna,* Rubbettino Editore, Soneria Mannelli (Cz) 2001
Mazza E., *La mistagogia. Le catechesi liturgiche della fine del quarto secolo e il loro metodo*, Edizioni Liturgiche, Roma 1996[2]
Mazzanti G., *I sacramenti. Simbolo e Teologia,* Edizioni Dehoniane Bologna, Bologna 1997
Meddi L., *Catechista e comunità cristiana*, in Via, Verità e Vita, 196 (2004), 24-28
Meo S., *Nuova Eva*, in *Nuovo Dizionario di Mariologia*, (a cura) di S. De Fiores e S. Meo, Edizione Paoline, Cinisello Balsamo (Mi) 1986, 1017-1029
Merklein H., *Metanoia e metanoeo,* in *Dizionario Esegetico del Nuovo Testamento* (a cura) di H. Balz e G. Schneider, Paideia, Brescia 2004, 354-363
Midali M., *Teologia pratica, I, Cammino storico di una riflessione fondante e scientifica* 3 ed, Las, Roma 2000
Morero V., *Ecumenismo,* in *Enciclopedia di pastorale*, I, Piemme, Casale Monferrato 1992, 337 - 342
– *Laicità al plurale,* Vita e Pensiero, Milano 2002
Moro G., *La storia sfida le Chiese. Per una spiritualità evangelizzatrice,* Elledici, Torino 1997
– *Prima che sia troppo tardi. Manifesto pastorale. Sei conversioni urgenti,* Elledici, Torino 2001;
Muddiman J., *Epistle to the Ephesians*, British Library, London-New York, 2001

Orlando L., *La prima Lettera di Pietro. Traduzioni inniche, liturgiche, midrashiche*, Ecumenica Editrice, Bari 2009

Panimolle S. A., *Regno di Dio,* in *Nuovo Dizionario di Teologia Biblica* (a cura) di P. Rossano, G. Ravasi, A. Ghirlanda, Edizioni San Paolo, Cinisello Balsamo (MI), 1988, 1296 - 1322

Perfetti C., *La Madonna di Guadalupe. Fascino e mistero di un'immagine,* Edizioni San Paolo, Milano 2003

Perrella S. M., *L'insegnamento della mariologia ieri e oggi,* Edizioni Messaggero Padova, Padova 2002

Philips G., *La Chiesa e il suo mistero nel Concilio Vaticano II. Storia, testo e commento della Costituzione Lumen Gentium,* I – II, Jaca Book, Milano 1969

Pitta A., *Seconda lettera ai Corinti*, Città Nuova, Roma 2008

Poppi A., *Sinassi dei quattro Vangeli*, Commento, Edizioni Messaggero Padova, Padova 1988

Radesmaker J., *Lettura pastorale del Vangelo di Luca,* Edizioni Dehoniane Bologna, Bologna 2011

Ragozzino G., *La medaglia miracolosa. Una lettura esegetica,* Edizioni Messaggero Padova, Padova 2012

Rahner K., *Il morire cristiano,* Queriniana, Brescia 2009

– *Rapporto tra natura e grazia,* in *Saggi di antropologia soprannaturale,* Gregorian University, Roma 1965, 43-78

Ratzinger J, *Maria Chiesa nascente*, Edizioni Paoline, Milano, 1998

– *Fede e futuro,* Queriniana, Brescia 2005

Ravasi G., *Gesù una buona notizia,* SEI, Torino 1982

Repole R., *Come stelle in terra*, in *Vita pastorale* 6 (2012), 38-40

Riva R., *Il Vangelo di Marco: un annuncio di salvezza nel mondo pagano,* in *Studia missionalia* (1993), 15-27

Rossè G., *Il Vangelo di Luca. Commento esegetico e teologico,* Città Nuova, Roma 2006

– *Lettera ai Colossesi*, Città Nuova, Roma 2001

Rosso S., *Pellegrinaggi,* in *Dizionario di Omiletica* (a cura) di A. Triacca, M. Sodi, S. Zavoli, Elledici, Torino 1998, 1119-1125

– *Pellegrinaggi*, in *Nuovo Dizionario di Mariologia* (a cura) di S. De Fiores-S. Meo, Edizioni San Paolo, Cinisello Balsamo (Mi) 1996, 1080-1107

Ruccia A., *Comunità e nuova evangelizzazione. Riflessioni sul nostro tempo e proposte pastorali*, Editrice Missionaria Italiana, Bologna 2012

– *Itinerari di fede per la parrocchia,* Edizioni Dehoniane Bologna, Bologna 2005

– *La corresponsabilità laicale della comunità ecclesiale. Per una nuova evangelizzazione,* Edizioni Vivere in, Roma 2011

– *Parrocchia e comunità,* Edizioni Dehoniane Bologna, Bologna 2007

– *Parrocchia, quale futuro?*, Editrice Queriniana, Brescia 2003
– *Ripensare la parrocchia. Una terza via tra l'attuale parrocchia e le unità pastorali*, Editrice La Scala, Noci 2001
RUCCIA A.-ANGIULI V., *La Vicaria nell'Arcidiocesi di Bari-Bitonto*, in *Annali Odegitria* II, (1995), 185-212
RUINI C., *La missione della Chiesa, la vita della società. Discorso conclusivo al Convegno Ecclesiale di Verona*, in "Il Regno-documenti", (19), 2006, 687-694
SANTORO A., *Diario di Terra Santa 1980 - 1981,* Edizioni San Paolo, Milano 2010
– *Lettere dalla Turchia*, Città Nuova, Roma 2007 (4 Ed)
SARTORE D. – MAGRASSI M., *Padri nella liturgia*, in Enciclopedia di Pastorale, III, Piemme, Casale Monferrato (Al) 1998, 67-75
SARTORIO U., *Scenari della fede. Credere in tempo di crisi*, Edizioni Messaggero Padova, Padova 2012
SCHWEIZER E., *Il Vangelo secondo Marco,* Paideia, Brescia 1971
SCHMIDT K., *Ekklesia*, in *Grande Lessico del Nuovo Testamento*, IV, 1490-1580
SCHNACKENBURG R., *Il Magnificat, la sua spiritualità e la sua teologia*, in *La vita cristiana. Esegesi in progresso e in mutamento*, Milano, Jaca Book, 1972, 195-227
SEVESO B., *Alle radici della pastorale*, in *Enciclopedia di pastorale*, I, Casale Monferrato 1992, 235 - 255
– *Pastorale d'insieme*, in *Enciclopedia di pastorale*, I, Casale Monferrato 1992, 205 - 211
SIGALINI D., *L'emergenza educativa e la comunità cristiana. Il cristiano secondo la misura di Cristo*, in AA.VV., *Comunità cristiana ed educazione,* Bologna 2009, 213-222
SIVIGLIA I., *Antropologia teologica in dialogo*, Edizioni Dehoniane Bologna, Bologna 2007
SOZOMENO, *Storia Ecclesiastica,* 7, 5; GCS 50,306. PG 65, 1424 C-1425 B
STAGLIANÒ A., *Cristianesimo da esercitare. Una nuova educazione alla fede*, Edizioni Studium Roma, Roma 2007
– *Pensare la fede. Cristianesimo e formazione teologica in un mondo che cambia*, Città Nuova, Roma 2004
TEILHARD DE CHARDIN P., *L'uomo, l'universo e Cristo,* Jaca Book, Milano 2012
TESTONI M., *Guadalupe. Storia e significato delle apparizioni,* Edizioni San Paolo, Milano 1988
TETTAMANZI D., *Il dono di testimoni umili e coraggiosi,* in Regno-documenti (19) 2006, 602-611
VANNI U., *L'Apocalisse. Ermeneutica, esegesi, teologia,* Edizioni Dehoniane Bologna, Bologna, 1988

von Speyr A., *L'ancella del Signore,* Jaca Book, Milano 2012
Waldenfels H., *La teologia nel dialogo della Chiesa con un mondo globalizzato*, in *Rivista di Scienze Religiose*, 2(2008), 297-302
Zanotelli A., *Leggere l'impero*, Editrice La Meridiana, Molfetta (Ba) 2003
– *Sulle strade di Pasqua,* Editrice Missionaria Italiana, Bologna 2002

INDICE

Printed by Books on Demand GmbH, Norderstedt / Germany